申纪兰

世纪人民代表：

中共山西省委宣传部 编

人民出版社

申纪兰

　　没有在旧社会生活过的人，很难理解我心中的恩情，也不会想到我们这个国家是怎么走过来的。我 1953 年加入中国共产党，我就是一名共产党员，我当这个干部，就得为党为国为人民服务。我还是那句话，你要有私心，就不要当干部；你要当一名共产党员，就要为人民服务。实践是检验真理的唯一标准。这个唯一标准就是你干的事情，哪个对，哪个不对，是为人民，还是为自己了，是一心向党，还是私心太重，最后的结果就在这个上边哩，才能总结出你自己这一生到底是什么人。

——申纪兰

49 岁
当选第五届全国人民代表大会代表。
从这一届开始，人民大表达会召开时间固定下来，每五年一次，以后每次会议人民代表要拿出自己的议案和建议。

54 岁
当选第六届全国人民代表大会代表。
这次会议劳模代表数量减少，农村实行联产承包责任制，全国开始以经济建设为中心。

··· 1978 ···   ··· 1983 ···

79 岁
当选第十一届全国人民代表大会代表。
会议核心是建设社会主义新农村。

84 岁
当选第十二届全国人民代表大会代表。

··· 2008 ···   ··· 2013 ···

中國婦

1957 年 9 月 9 日至 21 日，中国妇女第三次全国代表大会在北京召开，28 岁的申纪兰（前排右三）作为代表参加了会议，与会的 1260 名代表与毛泽东、朱德、周恩来、邓小平等党和国家领导人在中南海合影。

申纪兰

全国人大代表

一至十二届 历程

25 岁

当选第一届全国人民代表大会代表。
大会制定了中华人民共和国第一部宪法，
毛泽东当选为中华人民共和国主席。

30 岁

当选第二届全国人民代表
大会在刚建成的人民大
刘少奇当选为中华人民

··· 1954 ···   ··· 1959 ···

59 岁

当选第七届全国人民代表大会代表。
这次会议上，70% 是新当选代表。

64 岁

当选第八届全国人民代
大会报告农民的平均年

··· 1988 ··· ★ 1993

35 岁
当选第三届全国人民代表大会代表。
周恩来总理在《政府工作报告》中对大寨
进行高度评价，对西沟学大寨的真学实干
提出表扬。

46 岁
当选第四届全国人民代表大会代表。
周恩来总理在会上提出为实现"四个现
代化"的宏伟目标而奋斗。

…大会代表。
…堂召开，
…和国主席。

 ··· 1964 ··· ··· 1975 ···

69 岁
当选第九届全国人民代表大会代表。

74 岁
当选第十届全国人民代表大会代表。提出
两个议案：一是建议解决农民关心的事，
一是建议整治黑网吧。

…大会代表。
…人水平达 784 元。

 ··· 1998 ··· ··· 2003 ···

第三次全國代表大会全体代表合影 1957年9月

1958 年 8 月，申纪兰（左三）参加了全国劳动模范群英大会。会议期间，组织上通知包括申纪兰在内的 7 位农业合作社的女社长到周总理家做客。吃饭的时候，周总理拿着酒杯走到申纪兰面前，对她说："纪兰啊，山西人爱吃醋，很是对不住，我这里今天没有醋，只有辣椒啊。"

1993 年 3 月，在第八届全国人大会议上，中共中央总书记、国家主席江泽民接见申纪兰。

目录

引　言

　　在中国960万平方公里的土地上，新中国成立以来，经过60多年的风风雨雨，多少名人沉下去，浮上来，浮上来，又沉下去。从太行山深处的山西省平顺县西沟村，走出了一位英姿飒爽的巾帼英雄，半个多世纪的春夏秋冬，半个多世纪的斗转星移，半个多世纪的花开花落，她却 像一棵永不褪色的青松，昂然屹立在太行山之中，屹立在华夏民族之林。

　　她，就是著名全国劳动模范、全国人大代表、全国优秀共产党员、全国道德模范——申纪兰。

　　申纪兰，一个极其普通的农村妇女。然而就是这样一位普通的不能再普通的中国农民，在她身上却创造了人们所无法想象的奇迹。

　　——从1952年第一次被评为全国农业劳动模范，在几十年起伏跌宕的政治风浪里，申纪兰的"劳动模范"这个光荣称号保持60多年始终不褪色，而且是夕阳更鲜艳，旗帜更辉煌。

　　——从"三台"（锅台、炕台、碾台）走向田间，申纪兰带领妇女在一个封闭贫瘠的小山沟争取

"男女同工同酬"，她最先举起了这面具有世界意义的旗帜，是中国妇女解放的里程碑。

——从 1954 年当选第一届全国人大代表，到 2013 年当选第十二届全国人大代表，申纪兰是全国唯一一位从第一届连任到第十二届的全国人大代表，被外国友人称为资格最老的"国会议员"。

——从 1973—1983 年，申纪兰整整当了 10 年的山西省妇联主任，从 1983 年至今，又当了 30 年的长治市人大常委会副主任，她竟然执意不转户口，不定级别，不拿工资，不要住房，不离开西沟，不脱离

西沟村座落在群峰拥挤的太行山里。

劳动，现在仍然耕种着自己的7分责任田。

——作为一个普普通通的农村妇女，申纪兰1953年曾作为中国妇女代表参加了在丹麦首都哥本哈根举行的第二次世界妇女大会，之后她又参加了第四次世界妇女大会，并多次当选全国妇联执委。

——作为一个普普通通的农村妇女，申纪兰曾代表中国妇女访问过苏联首都莫斯科、波兰首都华沙和民主德国首都柏林等，还受到了朝鲜领导人金日成、越南领导人胡志明的亲切接见。

——作为一个普普通通的农村妇女，申纪兰先后受到了毛泽东主席的三次亲切接见，到周恩来总理家做过客、吃过饭，和邓小平一起照过相，江泽民同志曾握着申纪兰的手，称她是"凤毛麟角"。习近平、胡锦涛、李鹏、朱镕基、刘云山等党和国家领导人还亲自到西沟看望过她。

申纪兰，现任山西省长治市人大常委会副主任、平顺县西沟村党总支副书记、西沟金星经济合作社社长。

在申纪兰平凡与非凡的人生历程中，有许许多多的"最"。她是中国资历最长的全国人大代表，资格最老的全国劳动模范，"男女同工同酬"最早的倡导者和实践者，中国政坛上地市一级干部中年龄最大的农民在职官员等。

申纪兰是个劳模，申纪兰是个名人，甚至是个世界级名人，但申纪兰又不仅仅只有这些头衔……

第一章

举起"男女同工同酬"大旗第一人

苦熬没有出路，奋斗才有希望。

——申纪兰

20 世纪 50 年代的申纪兰。

年龄最小的妇救会成员

农历的 1930 年除夕夜，申纪兰出生在山西省平顺县一个叫杨威的贫瘠小山村。不久，父亲因重病撒手人寰，其后母亲改嫁到平顺县山南底村，申纪兰跟着母亲度过了艰苦的童年岁月。

1943 年秋，平顺县北部发生了严重的蝗灾，根据地方政府动员，全县各村组织人力去灭蝗。山南底村按互助组拨人去，申家需要出一个人，申纪兰说服父母去参加了。庞大的灭蝗大军中，姑娘只有不多几个，申纪兰是其中年龄最小的。当时她还不满 14 岁。一去就是十多天，翻山越岭，风餐露宿，每天都要辗转好几个地方，辛苦自不待言，连许多男人都感觉有些吃不消，而申纪兰却自始至终没落在人后，更没叫过一声苦，喊过一声累。

对申纪兰来说，参与这样的事情不仅可以直接替家里分担压力，而且还可以在那热热闹闹的气氛中享受到同甘共苦的劳动乐趣。从此，她便越来越向往类

申纪兰的丈夫张海良（右）是一名军人，申纪兰18岁时，他从部队回来要和申纪兰结婚，纪兰心里想：人家都在打仗哩，他却回来结婚，我就不和他结。张海良把请假条子拿出来，纪兰这才答应，但又提出条件："结了婚还得归队，不归队就不结婚。"

似的集体劳动和生活了。

山南底村的"妇救会"主任对这位勤劳、热情的少女备加欣赏，把她吸收进了"妇救会"。每到晚上，在"妇救会"举行会议的土窑洞里，她是年龄最小的参加者。在这里，她专心地听"妇救会"干部宣讲根据地政府的新政策、新法令，认真领会诸如"妇女解放""男女平等""婚姻自由"等新思想、新观念。

为了"支前"，村里成立了纺花组，申纪兰主动报名参加。她白天学，夜里学，早上工，晚回家，凭着灵巧的手艺，她很快成了组里的佼佼者，纺花织布又多又好，被选为组里的"纺花模范",受到县抗日民主政府的表扬,还奖给她一支锭。第二年,申纪兰担任了纺花组小组长,并在全县纪念"三八"妇女节大会上戴上了红花,受到了表扬和奖励。干了活,不仅得了工钱,而且还得了奖,这是申纪兰不曾想到的。申纪兰平生第一次品尝到了荣誉甘甜的滋味。

特殊的西沟村

西沟村位于平顺县城南 7 公里处,南北长 3.5 公里,东西宽 7.5 公里,面积 30500 亩,600余户,2100 口人。就是这样一个平凡的小山村,却在新中国成立前后发生了不平凡的事情。

1938 年 4 月,平顺县第一个基层秘密党组织——中

西沟区位图。

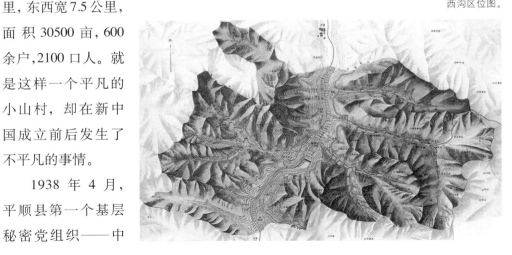

共池底党支部成立，张文成任支部书记，张发楼任组织部长。7月，李顺达、宋金山、王周则、路文全、桑运河、李达才6位农民秘密加入了中国共产党，他们的公开身份是农救会会员，李顺达是农救会小组组长。在党组织的领导下，西沟村相继成立了农会、武委会、青救会、妇救会等抗日组织。1938年10月，西沟村成立了党支部，李顺达担任党支部书记。

1942年，西沟村被晋冀鲁豫边区政府表彰为"劳武结合模范村"；李顺达被平顺县抗日政府表彰为"劳武结合英雄"。抗日政府还奖给他一支步枪、两颗手

1938年10月，西沟村党支部在老西沟的一个岩洞里秘密成立，李顺达担任支部书记，后来这个岩洞被称为"革命岩"。

抗日战争时期全国成立的第一个农业生产组织，名为"李顺达互助组"。

榴弹。那个时候，对劳动模范和杀敌英雄的奖励一般为一把锄头、几颗子弹，能得到一支步枪的奖励，是很不容易的。这一年，经过党组织批准，李顺达公开了自己的共产党员身份。1942年冬天，在一次群众大会上，李顺达站在会场的一张桌子上大声宣布——我是共产党员！在当时，公开共产党员身份是要冒着杀头的危险的。由此可见李顺达的勇气和献身精神。

1943年2月6日，为了响应党组织关于"组织起来，生产度荒"的号召，李顺达与宋金山、路文全、王周则、桑运河、李达才6户农民商议决定，成立了互助组，这是抗日战争时期全国成立的第一个农业生

1949 年，晋冀鲁豫边区人民政
府授予平顺县李顺达互助组"边区人
民的方向"锦旗。

1950 年，李顺达出席了第一次
全国工农兵劳动模范代表会议，会上
获得了毛主席亲笔题写的"生产战线
上的模范"奖状。

产组织，名为"李顺达
互助组"。

1944 年 11 月 21 日
至 12 月 7 日，太行区
首届杀敌英雄、劳动英
雄大会及战争、生产展
览同时在黎城县南委泉
村举行，李顺达被评为
"生产互助一等英雄"，
边区政府奖给他的互助
组一头大黄牛和一面锦
旗，锦旗上写着七个大
字：边区农民的方向。

1946 年 12 月 2 日
至 21 日，太行区第二
届群英会在上党古城长
治莲花池召开。大会选
出 110 名边区英雄，李
顺达当选为"合作劳动
一等英雄"。

西沟村"妇救会"主席

1946年秋季的一天，伴随着一阵清脆热烈的鞭炮声和欢快悠扬的鼓乐声，17岁的申纪兰嫁到了西沟村。

申纪兰没有想到，小小西沟就要成为她非凡人生的大舞台。

这时的西沟，"土改运动"正搞得轰轰烈烈，走在了全县的前头。

这时的西沟，李顺达3年前提出的"五年发家计划"已经提前两年实现，从而再度成为整个太行山学习的典型。为了使李顺达"劳动发家"的经验之花开遍平顺，一场轰轰烈烈的"生产运动"正由西沟向全县辐射。

这时的西沟，为了响应全县支援解放战争的号召，掀起了轰轰烈烈的"百日纺织运动"。

只要"妇救会"有活动，申纪兰都是早早地报到，不曾落下一次。到了便不闲着，嘴勤手勤腿也勤，带着干这干那，凡事从不说"不"字。从小在山南底培

李顺达的母亲郭玉芝带领纺织小组纺花织布。申纪兰很快成了组里的"纺花模范"。她觉得"劳动就是好，劳动不仅能改变一个人的境况，还能鼓励一个人的志向。"

养的好习性，如今在西沟有了进一步的发扬，很快就得到了每个人的喜欢，"妇救会"主席郭玉芝对她更是疼爱有加，常常在人前人后地连表扬带鼓励："纪兰呀，革命就需要你这样的人！你一定要好好学习，好好努力，将来肯定有大出息！"

也就是在此期间，申纪兰渐渐地熟悉了郭玉芝的儿子李顺达。

在李顺达的影响下，申纪兰更加积极、自觉地追求进步：开会、学习、参加劳动，样样事情都争取走在人前头。1950年秋，申纪兰光荣地加入了中国民主主义青年团。1951年春，21岁的申纪兰继任去世的郭玉芝的职务，成了西沟"妇救会"主席。

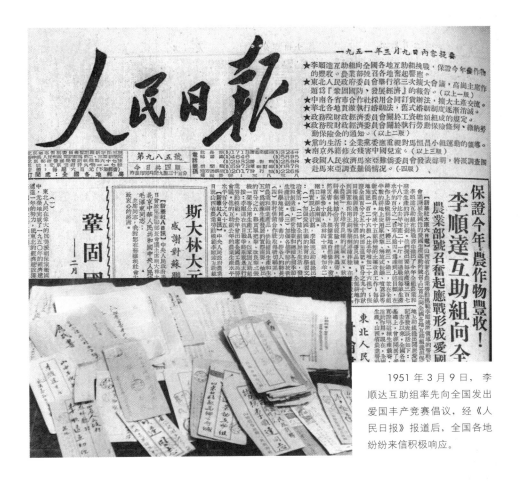

1951 年 3 月 9 日,李顺达互助组率先向全国发出爱国丰产竞赛倡议,经《人民日报》报道后,全国各地纷纷来信积极响应。

争取"男女同工同酬"

　　1951 年 12 月 10 日,以李顺达互助组为依托的西沟初级农业生产合作社正式成立。当时全村 51 户,入社的 26 户,占到 51%。李顺达当选为社长,申纪兰当选为副社长。西沟合作社刚成立,就实行了工分制。干一天,男人记工 10 分,发 1 张工票;女人记

1960年4月，毛泽东主席接见全国劳动模范李顺达。毛主席说："你在太行山住，那个地方石厚土薄，你作出了成绩，我敬你一杯。"

1951年12月10日，以李顺达互助组为依托的西沟初级农业生产合作社正式成立，李顺达被选为社长。

工5分，且不发工票。

　　发工票是为了使记工不容易出差错。工票是用粉红色的麻头纸制的，一寸半见方，上面印着一圈花边、两束麦穗和一行"西沟合作社工票"的字样，还盖着社里的大印。每天干完活回家，有一张小小的工票在手，对劳动者来说，其心情就像是领到了工资。工票实际上成了一天劳动价值的象征。

　　起初，女人们对少记工分并无异议，自己本来就没男人出力多、干得好，少挣工分也是应该的；但对不发工票，她们就想不通了。同样都干了活，却空着手回家，感觉像白干了似的。

　　申纪兰也想不通。但因为这事也关系着自己，便不好在人多处议论这个问题。回家后，她单独找到记工员问个究竟："为啥不给妇女发工票呢？"

1951 年，申纪兰（左一）当选山西省平顺县西沟"妇救会"主席，把工作重点放在了发动妇女劳动上。平顺有句老话："好男走到县，好女走到院。"要农民转变观念，只能"一个人一个人去说。"

"工分已经记了，有没有工票都一样！"

"明摆着不一样么，还说一样？"

晚上，她又在社务委员会的会议上代表妇女提意见，大家似乎才意识到这种方法不合情理。于是，研究决定也给女人们发工票，但要跟男人们的区别开。于是，女人们便领到了属于她们的工票，上面的内容没变，但所用的麻头纸却换成了土黄色。

争取到了工票，女人们高兴了好些天。

很快就开始春耕了。男女劳力都做了分工，一部分送粪，一部分耙地。送粪分成两拨儿，女人负责往

17

箩头里装，男人负责往地里挑；耕地是男女搭对儿，女人牵牲口，男人踩耙。可干一天活，记工分时，男人记10分，发红工票；女人却仍然记5分，发黄工票。

过了两天，女人们心里感觉不平衡了：说送粪吧，男人挑担子一个往返有空有实，趁装粪的时候还可以坐下歇息一会儿；但女人们手中的锹始终不能停，连直个腰的机会都很少。再说耙地吧，女人是牵着牲口撵墒，鞭子在男人手里掌着，牲口走多快，人就得走多快，一天下来，累得腿肚子直转筋；而男人们呢，是踩在耙上让牲口拉着走，优哉游哉的，高兴了还可以喊上两嗓子。如此看来，女人的劳动强度应该不比男人低，可却只挣男人的一半工分，不公平是显而易见的。

女人都认准了申纪兰这个头儿。这天记完工，她们就跟她发牢骚"死受活受都是老5分，还不如回家纳鞋底呢！"

李顺达不在，申纪兰没人可找。她不想再去找社委会，怕干部们说她有私心，但又怕女人们真撂挑子不下地了，她便忙着安慰大家："先不要着急，咱们得先想办法把活干得让男人服气了，才能跟他们争工

申纪兰（右一）动员妇女与男人
开展劳动竞赛。

分。"晚上，申纪兰睡在炕上翻来覆去地苦思冥想。办
法果真就有了："男人挑担子咱也挑，男人踩耙咱也踩，
如果能干得不比他们差，谁还能有理由另眼看待咱?"

第二天上工时，申纪兰便把这想法悄悄告诉了女
人们，大家都赞同。

送粪的时候，申纪兰提出要跟男人分开干，男人
3 人包一块地，女人也 3 人包一块地。粗心的男人们
一时没弄明白她是啥目的，便顺口答应了。

于是，富有历史意义的竞争场面就这样开始了。

男人们还依然是驾轻就熟的老样子，干得四平
八稳、不慌不忙，边干还边饶有兴致地看热闹，看那

打谷场上，申纪兰（右二）正为村民计酬分粮。她回忆"在旧农村，谁来问家里有没有人，本来我就是个人，我就说没有，不在家。一个家，男人不在就没人了，你们想想我们多难呀。我在西沟争取同工同酬，是解放妇女的半边天呀。"

些小脚女人们挑着沉沉的担子怎样在地里"扭秧歌"。第一次挑担子，女人们确实还有点儿把不住、走不稳，可很快她们就摸出了其中的窍门，走得跟男人一样轻巧自如了，而且是3人轮换着挑，人人都有歇息的时候，不仅感觉轻松，还容易出活。团结真是有力量呀！

等男人们品过味来，活儿已经落在女人们后面了。他们便不得不把箩头装的又满又实，步子迈得又大又快，把落下的活儿赶出来。

晚上收工时，按亩数一算，女人们和男人们打了个平手。女人们顺理成章地要求要工分。在事实面前，男人们没话可说了，只得也给女人记10分工，发红工票。

于是，在这一天的黄昏时分，西沟合作社的女人们在申纪兰的带领下，争取到了跟男人们一样的工分和工票。西沟的女人们胜利了，她们因胜利而激动着，高兴着。

申纪兰并没有意识到，她带领西沟的女人们所取得的这场胜利，在中国的历史上具有非同寻常的社会意义，因为她们实际上完成了一个创举——争取到了"男女同工同酬"。

这在中国历史上是前所未有的。

名扬全国

1952年12月初，长治地委、行署搞了一个规模不小的座谈会，旨在总结、交流一年多来全地区办社的经验。

接到通知时，申纪兰正在羊圈边带领一帮妇女打粪。她赶紧回到家，拿了两个馍就匆匆上了路。这是她平生第一次走出平顺大山。

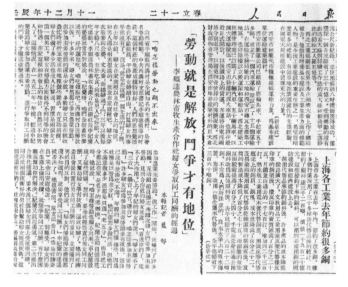

1953 年 1 月 25 日,《人民日报》发表文章《劳动就是解放,斗争才有地位——李顺达农林畜牧生产合作社妇女争取同工同酬的经过》。

申纪兰(后)和饲养员马俊召一起饲弄牲畜。

　　这个座谈会使申纪兰的人生轨迹发生了至关重要的转折。

　　半个月后,申纪兰成为了山西省甲等农业爱国劳动模范,她的事迹开始在三晋大地传扬开来。

1953年2月，山西省平顺县西沟村李顺达农林畜牧生产合作社副社长、模范军属申纪兰在长治专署首届优抚模范代表会议上作报告。

也就是在这个不同寻常的月份里，申纪兰不经意间度过了她的第23个生日。

1953年1月25日，记者蓝邨所写的长达5000字的通讯《劳动就是解放，斗争才有地位——李顺达农林畜牧生产合作社妇女争取同工同酬的经过》，在《人民日报》的显著位置上发表了。紧接着，各省的党报纷纷对这篇通讯进行了全文转载，申纪兰名扬全国，"男女同工同酬"被写进了新中国的《劳动法》。

本来，西沟有一个李顺达就已经驰名太行内外

23

了，如今，同一个村庄里又出了一个不同凡响的人物，而且还是个"女的"，这又一次成为全国人民瞩目和谈论的焦点，而申纪兰正是这个焦点的中心。

申纪兰在中国首倡"男女同工同酬"的事迹因此广为流传。

1953 年，申纪兰（右一）参加中国第二次全国妇女代表大会，同妇女代表在一起合影。

第二章

当选代表　走向世界

当不当代表，我说了不算，群众选我，我就当，不选我，我就当不上。不过，不管能不能当上代表，我都会关心国家、关心人民，尽心做好应做的事情。

——申纪兰

毛主席接见

1953 年 3 月底，也就是蓝邨的那篇通讯发表两个月后，申纪兰接到了参加“中华全国民主妇女联合会”（“中华全国妇女联合会”前身）第二次全国代表大会的通知。

此次妇女代表大会的与会人数，较新中国成立前的第一届增加了一倍还多，有 25 个民族共计 1000 余人。会期长达 9 天，国家把神圣的中南海怀仁堂腾了出来，让这些来自大江南北，刚刚从社会最底层走出来的姐妹们唱起了主角。

4 月 15 日上午 9 时，大会正式开幕。大会的第一项议程是选举主席团成员。在通过的 47 人的主席团成员名单中，申纪兰的名字赫然在列。

申纪兰之所以能跻身主席团，凭借的就是“争取男女同工同酬”这一创举，她当然代表的是农村妇女这个庞大的群体。而排在名单里面的，还有许多我们耳熟能详的名字：宋庆龄、何香凝、蔡畅、邓颖超、李德全、许广平……

1953 年 4 月，申纪兰在第二次全国妇女代表大会上发言。

大会一开始，申纪兰就出乎意料地引人注目。在随后进行的大会发言中，申纪兰第二个出场。她演讲的主题是如何发动西沟妇女争取"男女同工同酬"。她的大会发言博得了经久不息的掌声，从而成为各团分组讨论的主要话题之一。

大会选举产生了全国妇联第二届执行委员会委员、候补委员，申纪兰居 125 位执行委员会委员之列，成为全国妇联领导机构中的一员；接着，又在此基础上推选出了名誉主席宋庆龄、何香凝；主席蔡畅；副主席邓颖超、李德全、许广平、史良、章蕴；大会通过了几经修改的《中华全国民主妇女联合会章程》。

在大会闭幕的当天，还发生了一件让申纪兰终生难忘的事情。在宣布大会闭幕之后，大会主持人平静而神秘地透露了一个消息："中央首长要来看望大家了！"

会场一下子喧腾了起来："中央首长?"

"会不会是毛主席?"

没有人能做肯定的回答。

因为是执行委员会委员，申纪兰被安排在最前排，她的旁边是新当选的全国妇联副主席章蕴。

紧闭着的门终于打开了，在数位陪同人员闪出的

1958 年，申纪兰（右一）赴京参加全国妇女建设社会主义积极分子代表会议，同全国妇联主席蔡畅（左一）在一起交谈。

通道上，出现的果然是那位大家通过各种大小照片、画像早已十分熟悉的身影——毛主席，那么伟岸，那么亲切。全场瞬间爆发出了雷鸣般的掌声，所有人都激动得热泪盈眶。

毛主席面带微笑，以他那特有的姿势挥动着右臂，阔步款款前行。掌声更加热烈。申纪兰早已泪眼朦胧。也许是看到申纪兰太激动了，当毛主席就要从她面前经过时，身旁的章蕴用胳膊肘捅了她几下，小声说："纪兰同志，你不要放过这个机会呀！"她是在暗示申纪兰与毛主席握手。

此时的申纪兰已完全情不自禁了，不知从哪儿冒出的勇气，竟使她迎着毛主席跨出一步去，直直地伸出了那长满硬茧的双手。

毛主席也热情地把右手伸了过来。

一只万众敬仰的伟大领袖的手和一双普通农家妇女的手，就这样握在了一起。毛主席问身边的工作人员：

"这位女同志是谁呀？"

申纪兰此时哪还能说得出一句话。是章蕴大姐代为回答说："这就是李顺达合作社的副社长申纪兰同志……"

毛主席亲切地握着申纪兰的手说:

"很好! 很好!"

当毛主席又重新挥动起右臂, 阔步款款前行, 身影就要从视线中消失时, 申纪兰还原地不动地使劲鼓掌, 沉浸在巨大的幸福之中。

不知是谁突然带头呼起了口号:"毛主席万岁!"一呼百应, 呼声震天, 不绝于耳, 经久不息……

申纪兰成了这次代表会期间最幸福的人。

从西沟到哥本哈根

1953 年 6 月 15 日,

25 岁的申纪兰已是名扬全国的劳动模范、妇女代表。

　　1953 年 6 月，申纪兰作为新中国的妇女代表，出席在丹麦首都哥本哈根召开的第二届世界妇女大会。这身妆扮是我国著名电影表演艺术家田华为其打扮的，中国妇女代表团团长、冯玉祥夫人李德全开玩笑说："没想到西沟来的姑娘竟长得这么漂亮"。

第二次世界妇女大会在丹麦首都哥本哈根辉煌的优育大厦正式拉开了帷幕。来自全球 70 多个国家的 1800 多名妇女代表济济一堂，不同种族、不同肤色、不同语言，这无疑是人类历史上最广泛地域的一次妇女大聚会。

在短短一个星期的时间里，来自世界各地的妇女们，以女性特有的善良和热情，为那个尚不安宁的世界营造了一个温馨、祥和、美好的氛围。

中国代表团一行 24 人，申纪兰是唯一的农民代表而名列其中。申纪兰走出西沟才不足 3 个月的时间，一下子远涉了千山万水，到了过去听都没听说过的地方，大开了眼界。大会上耳闻目睹的许多事情，

申纪兰（右一）参加世妇会时穿了身旗袍，她回忆说："站起来就不会走路，就不敢走。坐着也不自由，我这个农民，也很落后，等回来我就再也不穿了。我嫌麻烦。穿这个衣服多自由呀，挑个担子也能跑。"

申纪兰（左）和全国妇女建设社会主义积极分子代表交谈。

成为她以后人生的一种精神滋养。

出国期间，每在一个城市逗留，团里都要给每人发少量的外币作为零用。在根本哈根发的是丹麦克朗，申纪兰一分没花全部上交了。折返到柏林时，发的是东德马克，申纪兰买了一个会眨眼睛的布娃娃。好客的柏林人送给代表团每人一小包德国糖果作为礼物。到莫斯科后，又发了卢布，申纪兰这回"铺张"了点儿，多买了几样，有几辆玩具小汽车，几只拳头大的皮球。

7月4日，申纪兰随代表团回到了北京。她此刻最想的就是快点儿回到西沟，回到家——她已经离家3个多月了。

从北京到太原后，省里派专车送申纪兰回到了平顺。当时从县城去西沟还没有通公路，县里派人陪同申纪兰步行回村。

回村的那天上午，社里在接到通知后停了生产，村小学也停了课，百余名社员和学生由李顺达亲自带

1953 年 10 月 27 日，在西沟区选举大会上被选为代表的（左起）申纪兰、李顺达、韩春兰和张秋全在观看当选证书。

队，敲着锣打着鼓，在村口列队迎接荣归家乡的申纪兰。这样的迎接仪式，在西沟已是第三次了，头两次迎接的都是李顺达，一次是他到北京参加了全国工农兵劳模大会回来，一次是他访问苏联回来。

申纪兰被直接迎到了社委会办公的那孔窑洞里。李顺达为她主持了一个简短的欢迎会，请她简要地讲了这次进京出国的见闻和感受。她讲完自己的所见所闻后，又说："没有党支部的培养和社委会的支持，没有全体男社员的帮助和全体女社员的共同努力，就不可能有我的今天，我的光荣就是大家的光荣。"

接着，她把那包德国糖果拿出来，一人一块分发给大家尝了尝；又把那几样在德国、苏联买的玩具和在北京时发的 40 万元（旧币）误工补助金都拿了出来，上交给社里。

在欢迎会结束之后，申纪兰才提着包回家。李顺达不忘关照地说："纪兰同志，你出门这些天也够辛苦的，先好好休息上两天！"

但是，申纪兰当天下午就扛着锄头随社员一起下地了。她依然头上系着白毛巾，脚上穿着旧布鞋。

就在回村后的当月，申纪兰光荣地加入了中国共产党。秋末，西沟合作社收编了周围大小30多个自然村，李顺达、申纪兰又分别担任了大社的社长、副社长。不久，西沟乡成立，申纪兰出任了乡妇联主席。入冬，申纪兰被评为全国农业劳动模范。年底，申纪兰和李顺达一起全票当选西沟乡、平顺县人民代表大会代表，之后又当选了山西省、全国人民代表大会代表，并于1954年9月出席了第一届全国人民代表大会。

当选第一届人大代表

1954年9月15日，中国第一届全国人民代表大会在北京隆重召开。这是中国人民政治生活中具有历史意义的重大事件。第一届全国人民代表大会有一项特别重要的任务，就是制定中华人民共和国第一部宪法。召开全国人民代表大会，制定宪法，这是中国政治建设迈出的重要一步。

　　人民代表实行普选制。选民进行登记，并张榜公布。领到选民证的公民由衷地有着一种自豪感、兴奋感。随后，基层单位进行选举，选举的代表再逐级选

1954 年 9 月，申纪兰（左二）和李顺达、郭玉恩等全国人大代表在一起亲切交谈。

一届全国人民代表大会第一次会议

1954年，申纪兰（后排右三）出席了第一届全国人民代表大会与部分代表合影。

举上一级的代表。申纪兰和李顺达双双被选为第一届全国人民代表大会代表，成为当时中国农村绝无仅有的两人。

申纪兰、李顺达，先被西沟乡选为人大代表，后又被选为县人大代表，最后被选为全国人大代表。申纪兰回忆说："李顺达是省（人大）代表，我不是。可选全国人大代表时把我也选上了。"这看起来似乎是个问题，但申纪兰当选却也是顺乎情理的，因为申纪兰是以劳动妇女的界别出现的。劳动妇女代表是全国人大代表的一个重要界别。在这个界别中，谁是山西杰出的代表呢？申纪兰无疑是首届一指的人物。她是最基层的劳动妇女，是最早提出和实现"男女同工同酬"的典型，是代表中国劳动妇女出席世界妇女代表大会的代表，所以申纪兰当选为全国人大代表又是顺理成章的事。这就是说，申纪兰并不是代表西沟而是代表劳动妇女当选为全国人大代表的。

她说："当上（全国人大）代表很激动，缝了一身夹衣裳去参加会议。9月，就是农历八月，一早一晚山里已经凉了，光穿单衣顶不住，所以赶紧缝了身夹衣。当时生活（水平）还很低哩。谁知道北京比平顺差两个节令，穿上夹衣又热得不行。"

当选为全国人民代表大会代表，是申纪兰一生中重要的新起点。

1954 年 9 月中旬，第一届全国人民代表大会山西代表团赴京，入住东四旅馆。

山西代表团由 26 人组成，其中平顺县有 3 人：李顺达、申纪兰、郭玉恩。

山西代表团中有 4 位女性：申纪兰、胡文秀、郭兰英、李辉。

代表团中的胡文秀和申纪兰住一个房间。胡文秀，交城人，剪发头，大襟衣，系带皮挂，上衣插着一支钢笔。她养了一个英雄的女儿刘胡兰。胡文秀第一次来北京，一切都很新鲜又有些紧张。她得知申纪

1954 年，出席第一届全国人大一次会议的山西四位女代表，从右到左依次是申纪兰、李辉（临汾地区女干部）、郭兰英（著名歌唱家）、胡文秀（刘胡兰的母亲）。

兰见过毛主席而且还握过手，很是羡慕。

她问申纪兰："这次不知道能不能见上毛主席？"

"肯定能，这么大的大会，还能见不上毛主席？"申纪兰说。

"能不能握上手？"

"呀，这个不敢说。这是到时候现说哩。只要有机会，咱就去和毛主席握手。我上次和毛主席握手就没有看见他的脸。"

1954 年 9 月 15 日至 28 日，中华人民共和国第一届全国人民代表大会第一次会议在北京召开。出席会议的女代表们合影。从左到右：胡文秀（刘胡兰的母亲）、吴志珍（苗族）、蒙素芬（布依族）、常香玉（著名豫剧演员）、尧西·泽仁卓玛（藏族）、申纪兰、裔式娟（上海纺织女工、先进工作者）。

"为甚？"

"激动得只顾哭了，根本由不了自己。"

"纪兰你真了不起，还敢跟毛主席握手。"

"这次要握手，我领着你去。"

9 月 15 日下午 3 时，中华人民共和国第一届全国人民代表大会第一次会议，在中南海怀仁堂隆重开幕。毛泽东宣布大会开幕，并致开幕词。他在开幕词里宣布："准备在几个五年计划之内，将我们现在这样一个经济上文化上落后的国家，建设成为一个工业化的具有高度现代化程度的伟大的国家。"

毛主席充满自信、充满激情的开幕词，在代表们长时间的热烈掌声中结束。申纪兰沉浸在激昂的气氛中，使劲儿地鼓着掌。她虽然在这座殿堂里参加过大会，还出过国，算是个见过大世面的人，但在如此热烈而又庄严的大会上，还是有些拘束。她说："当了代表，不敢（多）说话。"记者采访她，请她谈谈当人大代表的感受，她就一句话："我真高兴，做梦也没梦到过。"记者再问。她还是一句话："（能）当上代表，那可是不容易哩。"当时的历史背景下，她的回答一定程度上代表了刚刚翻身解放、没有什么文化的穷苦农民的心声。

选举国家新的领导，是这次大会的重要任务。

1954 年 9 月，申纪兰（右）出席第一届全国人民代表大会第一次会议领取"当选证书"。

"画好圈儿"，就是一定要在选票上毛泽东的名字下画一个又圆又大的圆圈儿。她每天夜里都要认真地练习画圈儿。她开始怎么也画不圆这个圆圈儿，着急得手心都出汗。后来，她拿一个笔帽比在纸上画，画着画着觉得能画好了，谁知离开笔帽画得还是不那么圆。她就继续练，总想把这个饱含特殊感情和特殊意义的圆圈儿画得大大的、圆圆的。申纪兰认为把圈儿画圆很重要，只有把这个圈儿画得大大的、圆圆的，才能使自己对毛主席敬仰的感情有个圆满地表达。在申纪兰心里，把圈儿画圆就是对人民领袖毛泽东的无限敬仰和对人民意愿的高度负责。

9月20日，全体代表全票通过了《中华人民共和国宪法》。这一天，毛泽东等党和国家领导人接见了代表中的全国劳动模范。申纪兰与李顺达、郭玉恩、吴春安、任国栋、王国藩等受到接见。

9月27日，召开全体会议，大会选举了新的国家领导人。

9月28日下午3时50分，毛泽东宣布大会闭幕。在庄严的国歌声中，第一届全国人民代表大会第一次会议胜利结束。

申纪兰当选为第一届全国人大代表，无疑是她成长中的一个有标志意义的里程碑。人们没有想到的是，申纪兰会连续当选十二届全国人大代表，成为代表中的"唯一"。这是一条漫长的路，充满掌声，也充满艰辛，更需要终其一生，矢志不渝。

1954 年 10 月 1 日，申纪兰（左三）和李顺达（左一）在国庆 5 周年庆祝盛会观礼台上观礼。

1958年8月，申纪兰（左三）参加了全国劳动模范群英大会。会议期间，组织上通知包括申纪兰在内的7位农业合作社的女社长到周总理家做客。

做客西花厅

1958年12月，申纪兰赴京参加全国妇女建设社会主义积极分子代表会议。申纪兰还穿着参加第一届全国人大会议的那件小花上衣，胸前别满了奖章，较为特别的是，这次她把白底小花衬衣的领子翻在外边，显得时髦了许多。

申纪兰在会议期间，与其他6位女社长一起，受到周恩来总理的邀请，做客西花厅。申纪兰向总理汇报了西沟绿化荒山的情况。

周总理高兴地说："应该多植树，树多了可以保持水土，也能改良气候，你们那里也就富了。"

申纪兰向总理说西沟这几年多种了300多亩树。

周总理问："多了多少？"

纪兰一下被问毛了，因为当时西沟的树还不够300亩，于是答："顶多就是300亩。"

周总理说："我喜欢说数字时要说准确。"

纪兰说："过几年，我们一定把西沟的荒山都绿化了。"

吃饭时，周总理对申纪兰说："纪兰啊，山西人爱吃醋，很是对不住，我这里今天没有醋，只有辣椒啊。"

这次周总理会见，留下了一幅珍贵的照片。周总理身穿庄严的中山装，表情上依然有几分凝重。纪兰的小花衣服比较时尚，其他6位女社长一色大襟衣服。

这一时期，申纪兰的故事不仅在国内流传，而且引起了国际友好人士的注目。越南共产党主席胡志明接见了她。朝鲜劳动党主席金日成接见了她。美国著名记者安娜·路易斯·斯特朗采访了她。苏联女英雄卓娅的母亲给她写来热情洋溢的信，称赞她是卓娅一样的女英雄。一个山区的劳动妇女，以她的劳动塑造了一个新中国妇女的形象，历史把她推上了一个新高度。

第三章

艰苦奋斗改造西沟

不脱离农村、不脱离农民、不脱离劳动。

——申纪兰

1953 年，西沟合作社制定了《西沟农林牧 15 年发展规划》，确定了 15 年造林 10000 亩的奋斗目标。

太行山上第一棵苹果树

在西沟，曾经有这样几句顺口溜：

光山秃岭乱石沟，

十人见了十人愁。

旱涝风雹年年有，

庄稼十年九不收。

60 多年前，西沟的山上原本是没有树的。

西沟人最初的种树热情是被两个苹果激发出来的。

那年李顺达出访苏联回来，他不仅带回了建设山

苹果获得丰收，申纪兰（右）和社员一起贮藏苹果。经过多年的艰苦奋斗，西沟一半左右的山场栽上各种经济林木，总数有100万株，改变了山区的自然面貌。

区的经验和自己改变西沟面貌的思路，而且还带回了两个苹果——东北的同志们送的。

回到西沟，欢迎会上人多，有许多是区里、县里的领导，他没舍得往外拿；到了家，也没舍得给老婆、孩子尝尝，晚上要去开全社干部会，他背过家人悄悄把两个苹果揣进了怀里。

会上，他神秘地把两个苹果从怀里摸出来，摆在大家面前："你们谁认得这是啥?"

两个圆不溜球、又红又大的东西放在桌子上，大家瞪圆了眼睛仔细看了好一会儿，但没一个人能认得。

"告诉你们吧! 这叫苹果! 是树上结的!"李顺达说。

"是叫看样儿哩?"有社员说

"不，它能吃!"李顺达告诉大家。

于是，李顺达拿出一把小刀，小心翼翼地把两个苹果按人头切成了小块儿，一一分给大家尝尝。

大家犹犹豫豫地把那个小小的果片放进了嘴里。

"好吃吧?"

"好吃!"

"这东西咱这地方也能种!"

有人已把小小的苹果籽儿攥在手里，李顺达告诉大家："苹果树不是拿籽种的，要苗呢!"

当时申纪兰也在场，于是，她便有幸成了西沟第

西沟向大寨学生产经验，大寨书记陈永贵曾对申纪兰说："多年前我可去西沟学习过，你和老李（李顺达）是我的老师。"图为申纪兰（左一）与陈永贵（左二）。

一位见到苹果并亲口尝了苹果滋味的女人。

李顺达意犹未尽地说："告诉你们吧！这好吃的东西我们这地方也能种！"

"真的？"

"这还有假!"

"那咱们就赶紧种吧!"

就这样，由两个苹果开始，在西沟人的手里便诞生了整个太行山的第一代苹果树。

小花背上去播种

这年秋天，西沟合作社又有两项工作同时展开：男人们由李顺达带领着进沟筑坝，女人们由申纪兰带领着上山种树。

种树首先是从西沟最大的小花背山开始的。小花背山势陡峭，整座山都是石头，光秃秃的，只有石头缝里才能看得见没被雨水冲走的泥土。有人对在这座山上种树产生了怀疑："万物土中生，没有土咋种树呀! 那么大的山，又那么陡，总不能像栽苹果树一样去拿炮轰，拿担挑吧?"

李顺达还是坚持要试一试。他派申纪兰带领妇

李顺达和申纪兰（右二）带领村民在山上栽油松。

西沟开始了大规模的荒山植树造林。

女们扛着镢头，背着松籽上了山。事先准备好的松籽，是县里专门从外地给西沟调拨的。

妇女们都半跪在山坡上，按要求镢头在坚硬的山石上先刨出一个个脸盆大的鱼鳞坑，再用手指或镢头尖把土一点点抠出来培进坑里，赶天黑也仅刨了不足30个鱼鳞坑，每个人的裤子却几乎都磨得见了膝盖。

许多妇女都是小脚，别说刨坑种树了，单是每天在十几里高低不平的山路上走上一个来回，也够她们受的。3天干下来，有人就有怨言："纪兰呀，一天跟着你尽受这罪，我明儿不去啦！"

慌得申纪兰赶紧一边接了人家的镢头扛在自己肩

上，一边又大道理小道理地鼓励。到底是见的世面多了，办法也就多了起来。晚上她竟编了几句歌词，第二天上山的路上用平顺小调唱了，来鼓励大家的士气：

　　　　走一山又一岭，

　　　　小花背上去播种，

　　　　今年种上松柏籽，

　　　　再过几年满山青，

　　　　等到松柏长成材呀，

　　　　建设社会主义咱都有功！

申纪兰自编了"植树歌"，教大家边干边唱，成了西沟独特的劳动号子。

　　这办法还真管用，大家的情绪一下子就活跃了起来，都纷纷地学着唱，顿时，寂静的山沟里回荡起了妇女们嘹亮的歌声。西沟有不少人都能唱几首当地的山歌小调，却从没有一首歌是唱给自己的。于是，申纪兰

1955年，中共平顺县委书记李琳和新华社记者马明一起写了一篇反映西沟金星农林牧生产合作社的文章，题目叫《勤俭办社，建设山区》。这篇文章收入新中国成立以来毛泽东主持编辑的唯一一部书——《中国农村的社会主义高潮》，毛泽东为此书亲笔写下按语。

创作的这首歌很快就在全村传唱开了，先是孩子们学了唱，再是男人们也学了唱，几乎每个人都耳熟能详，以至于在以后的几十年里，这首歌简直就成了西沟的"植树歌"。从此，西沟的植树史便年年都要写出新篇章：一年三次树，春季、夏季、秋季；一季一座山、一条沟，一年数座山、数条沟；坡上种松柏，沟里栽杂树；先是整坡整沟地栽种，后是大块小片地栽种，再后是寻找空地三株五株补栽补种。

申纪兰带领西沟人坚持在荒山上植树造林。1971年，全国林业先进单位代表会议在西沟召开。会上，

20世纪八九十年代的西沟。

西沟村向大会作了经验介绍，并与长治县的林移、辽宁省赤峰的东方红林场、河南鄢陵县一起，被评为全国林业战线四面红旗。到1978年，全村造林总面积达到了15000亩。

改革开放以后，申纪兰开始带领群众向阳坡进军。阳坡绿化技术对于申纪兰和全村群众来说都很陌生，申纪兰就自告奋勇在自家小块地里试验，搞起了容器育苗，她还亲自到壶关向林业劳模王五全学习阳坡造林技术，并向县林业技术人员虚心讨教，研究推广了径流整地、石片覆盖、生物覆盖、根宝蘸根等技术措施，阳坡绿化终于获得成功。当年在阳坡上栽下

57

了第一片科技示范林，成活率达到 85% 以上，从此
以后，在申纪兰的带领下，西沟大面积推广容器育苗
造林，均获得成功，并在短短几年内，全部完成了阳
坡绿化任务。60 多年里，植树成了西沟人像种庄稼
一样的传统。

今天的西沟，大小 332 座山都长高了——那
是树"长"的；大小 239 条沟都变浅了——那是树
"填"的，森林覆盖率达 84%。山坡上近 2 万亩的
用材林，人均十多亩，第一代松柏已经可以做檩
条了；山沟里 200 余万棵各类杂树，人均千余棵，
有椿、槐、榆、杨、柳，更有苹果、核桃、花椒、
梨、枣……

一年四季群山如黛，各种果树春天花枝招展，秋
天硕果压枝。有人做过粗略的计算，如今的西沟仅树
木的经济价值就相当于拥有了一个 4000 万的"绿色
银行"，等于给西沟村每人在这个"绿色银行"里存
了 2 万元。

这当然是一笔有价值的物质财富，它是属于西
沟的；但这更是一笔无价的精神财富，它不仅仅属于
西沟。

申纪兰（前一）带头挑土垫地。

修坝造地治水土

西沟村有南北 4 公里长的河滩，过去滩上乱石滚滚，寸土无存。1952 年，刚成立的农业生产合作社组织劳力，在沙地栈自然庄下河滩上修起了一条顺水坝，并在坝内平滩造地六七亩。1953 年，又在老西沟主沟内自上而下修筑大坝 20 座。没曾想，1954 年夏的一场洪水将两年的成果冲个精光。

失败并没有动摇西沟人的决心。他们总结经验教训，凭科学的设计、合理的规划和坚忍不拔的斗志，

李顺达和申纪兰（右一）在一起开荒。

继续向荒沟、荒滩进军，采取了先沟里后沟外，先支沟后主沟，先治沟后治滩的方法。1954—1955 年，全社又筑起拦洪坝 70 余座，修筑拦洪坝 700 米。1957—1958 年，西沟村再掀治沟治滩新高潮，在全村 7 条大沟修建拦洪坝 220 座，淤地 200 亩；完成了 1000 多立方米的老西沟塘坝建筑工程；河滩打坝 1500 米，平滩造地 30 亩。20 世纪 50 年代末，西沟村内 7 条大沟的支毛小沟全部得到治理。从 60 年代开始，转向了 7 条大沟的主沟和南北 4 公里的河滩的治理。

到 20 世纪 70 年代初，西沟人把另几条干沟都治理了，一共修起了 3 座大坝和

1957年4月，华北局第一书记李雪峰（前排左三）在山西省委书记陶鲁笳（前排右二）、长治地委书记赵军（前排左一）陪同下视察西沟并合影留念。

一座水库。至此西沟所有大小沟壑都顺利地治理完毕，加上山上多年来陆续栽种的树木也渐次成林，水患彻底被根治了。

之后他们用了几个冬天的时间，把百里滩河的200亩河滩都改造成了旱涝保收的千斤良田。

就是在修这些河滩地的时候，申纪兰又创作了一首传唱至今的"修地歌"：

红彤彤的太阳，

蓝盈盈的天，

照耀着我们来修田，

抬的抬来搬的搬，

不分女来不分男，

二百亩河滩要修完。

1965年，中共中央政治局委员、国务院副总理薄一波视察西沟。他握着申纪兰的手说："纪兰同志，你不容易，你在农村这么苦的地方成长起来，你可是个好党员呀！"申纪兰回忆"我听了，眼里的泪，滴滴掉了下来。"图为薄一波（左三）在西沟与申纪兰（右一）等人的合影。

60年来，西沟人发扬愚公移山的精神，移山填沟，挖土垫地，筑坝垒岸，平滩造地。直到今天，西沟在4公里河滩和7条大沟内总共修筑疏洪大坝10000多米，修筑涵洞1000余米，修筑拦洪坝800余座，修塘坝5座，修蓄水池5个，垒砌石岸700多

1960 年 3 月 31 日，出席全国人民代表大会第二届二次会议的山西省代表申纪兰（左）、胡文秀（中）、高进才（右）在一起阅读和交谈国民经济计划和国家预决算文件。

条，水库 2 个，改造梯田 900 亩，沟滩造田 500 亩。

　　1959 年 4 月 18—28 日，第二届全国人大一次会议在北京举行。李顺达、申纪兰再次双双当选为全国人大代表参加了会议。

　　在这次会议上，有人提出是否需要纠正一下"高指标"？因为党中央和毛主席已经注意并开始纠正"大跃进"中不切实际的"高指标"和浮夸问题。但是最后问题并没有得到解决，这给以后的工作造成了很大的影响。

　　第二届全国人大一次会议闭幕的第二天，4 月 25 日，毛泽东主席写了一封《党内通信》，直接写给省、地、县、社、队、小队各级干部，一竿子插到了底。

信中提出 6 个问题：包产问题、密植问题、节约粮食问题、播种面积要多的问题、机械化问题、讲真话问题。此信一发，对当时农业生产起到了明显的积极作用。

1959 年 11 月 19 日，国务院副总理薄一波写信给李顺达、申纪兰。信中说：

"你们十一月十三日来信收阅了。我看后十分高兴。由于你们的成绩也鼓舞了我的心，我已将你们的信转党中央各同志去阅。把穷地方变成富地方，把灾年变成丰年，西沟人民公社确实开始做到了，而且还在继续前进中。这一奇迹显示了人民公社的优越性，显示了总路线、大跃进的正确性和现实性，也显示了西沟人民的干劲。"

薄一波写信强调人民公社的优越性，大跃进的正确性，并鼓励了西沟取得的成绩。这实际上与变化了的大的政治气候有关联。

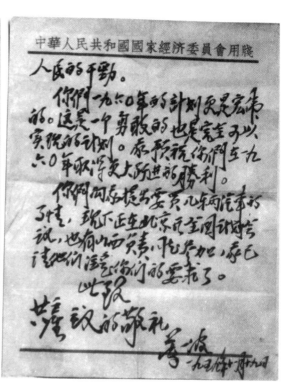

1960 年 10 月 19 日，国务院副总理薄一波给李顺达、申纪兰的信。

第四章

逐浪市场经济大潮

市场经济讲究经济效益，但在政治生活中却应该坚持党性原则，廉洁自律。

——申纪兰

申纪兰在西沟铁合金厂三号炉前询问工人生产情况。

第一个村办企业

改革开放以后，西沟实行了以家庭承包经营为基础的、统分结合的双层经营体制。在以申纪兰为核心的村领导班子的带领下，继续发扬艰苦奋斗精神，巩固和发展治山、治沟、治滩成果，坚持致力于通路、通水等基础设施建设，改善发展条件的同时，他们把艰苦创业的重点集中和转移到了调整产业结构、发展市场经济上来。

尽管，对于这个地处内陆欠发达地区、位于太行山区深处的山村来说，对于这个计划经济、自然经济观念根深蒂固、小农经济传统束缚还一时难以彻底打破的老典型来说，迈入市场经济的轨道，困难重重，在市场经济中赛跑，步履异常沉重。但是，他们努力地更新观念、解放思想、艰苦拼搏、奋力前行。在市场经济的急流中，他们抱定追赶的信心，咬定追赶的目标，发起了一次又一次的冲锋。

1983年7月1日，李顺达走完他68年的人生历程，辞世而去。西沟领路人的责任历史性地落在了申纪兰的肩上。这一年西沟村全面推行家庭联产承包责任制。

靠山吃山，靠水吃水，多少年来，西沟人一直在山上做着锦绣文章。申纪兰常常这样想：老西沟人靠山吃山，现在西沟人不仅要靠山吃山，而且要走出大山，内引外联，兴办企业。20世纪80年代初期，改革开放的春风吹进了西沟这个小山村，申纪兰也通过人大代表视察、参加两会、外出参观学习，看到了外面精彩的世界，特别是山东、浙江等地乡镇企业的快速发展，让申纪兰大开眼界。她和村里的干部讲，农村要发展，必须发展乡镇企业，必须上项目。于是1985年春，刚刚参加完"两会"的申纪兰便率领村干部到河南七里营、天津大邱庄、江苏华西村及苏州、无锡和上海等发展较快的地区参观考察乡镇企业。这次考察，他们思想收获很大，兴办工厂、发展工业项目的想法更强烈了。参观回来，通过认真研究，下定了办工厂的决心，做出了着手筹备建厂的决策。

1986 年 9 月，西沟村与县供销社联合办起一座罐头厂，投产后的第一个月就生产红果、梨罐头 5 万多瓶。图为申纪兰（左）和工人一起检查罐头质量。

　　1985 年 9 月，西沟村开始动工兴建铁合金厂。按照当初的设计，该厂一号炉装机 1800 千瓦，一期投资 100 多万元，建成后可年产铁合金 1200 多吨。这是西沟村有史以来创办的第一家稍具规模的工业企业。建厂当初，申纪兰日夜操劳在建厂的大事小情上，并和村民们一起参加义务建厂劳动。

　　1987 年 10 月，铁合金厂一号炉试产成功，当西沟铁合金厂火红的铁水从高炉里喷射而出时，西沟的群众一片欢呼，申纪兰和全厂职工个个眼里含满了泪水，大家激动地哭呀，跳呀，唱呀，西沟村第一个村办企业终于投产了。西沟人经历了办企业的艰辛，更尝到兴工致富的甜头，到 1996 年，西沟村办企业已

申纪兰在西沟铁合金厂三号炉前
询问工人工作情况。

取代林果业，成了西沟村经济发展的支柱产业。

走出去办企业

西沟山大沟深，石厚土薄，交通不便，信息不灵，发展企业有着很大的阻力和障碍。申纪兰想，西沟要发展，必须走出去，立足西沟放眼全国，跳出西沟发展西沟。1998年年初，九届人大一次会议刚刚结束，老劳模申纪兰一回到太原，就和村里干部共同谋划在太原筹办"西沟人家"有关事宜，为了办成这一在太原展示西沟、宣传西沟的窗口，申纪兰不知在西

沟、太原间往返了多少次，8月28日，西沟人家终于正式开业了。西沟人家不仅为西沟村解决了80多个就业岗位，重要的是在省城太原宣传了西沟的产品，展示了西沟人的形象，提高了西沟村的知名度，为西沟人步入市场经济大潮奠定了基础。通过西沟人家，更让申纪兰受到启发的是，她深深懂得了"西沟""纪兰"名人名村的效应，以及如何更好地发挥名人名村效应。2000年3月又在太原开办了西沟人家二部，2001年4月西沟人家三部开业，之后又开办了四部、五部。西沟人终于走出了大山，迈上了幸福的康庄大道。

西沟饮料厂是著名的全国劳模、全国政协委员、

1999年10月，申纪兰携带村里独具特色的土特产，领着一帮年轻人到太原市开办"西沟人家"饭店。走进"西沟人家"，在品尝"花豆""棋炒""毛豆角"之余，还能欣赏到老西沟、互助组老照片。每逢饭店"纪兰服务日"，申纪兰总要亲自与服务员一起迎接顾客。

山西安泰集团老总李安民支持申纪兰上的一个项目。1997 年 10 月饮料厂建成投产后，就面临着亏损的局面。申纪兰深入企业，认真分析亏损原因，她认为，西沟村植树造林是行家，但办企业闯市场却是外行。西沟饮料厂要想发展，必须改变大锅饭的局面，实行股份制。1998 年 12 月西沟饮料厂全面改制，组建了山西纪兰饮料有限公司，使西沟村的企业第一次引进了现代化管理模式，这对西沟村其他企业的发展都是一个大大的促进。

1998 年 3 月 20 日，第九届全国人大一次会议山西代表团驻地京西宾馆的一间小会议室里，欢声笑语，热闹非凡。原来，刚刚卸任全国人大副委员长的雷洁琼老人，专门来这里看望申纪兰。

雷洁琼从包里拿出一包茶叶和一本书赠送给申纪兰。申纪兰当即回房间拿了一盒西沟村生产的"纪兰"牌核桃露，回赠雷洁琼大姐，并说："大姐，我们村现在也搞开企业了，这就是我们村里生产的，你拿回去尝尝，提个意见！"

雷洁琼拿出一罐核桃露仔细地看了又看，十分高兴，她说："无农不稳，无工不富，你现在是新型农

2011 年 12 月 29 日，劳模申纪兰出席"纪兰"牌饮料新品发布会。当日，申纪兰到场推介"纪兰"牌饮料新产品。（姚林 摄）

民的代表，希望你带领村民尽快地富起来！"

雷洁琼老人和申纪兰，虽然一个是高级知识分子，一个是地地道道的山区农民，但她俩有着 40 多年的交情和友谊。这些年，申纪兰每到北京开会，总要抽时间去看望雷洁琼大姐，每次相见，总有说不完的话，叙不完的情。

2000 年 10 月，饮料厂生产的"纪兰"牌核桃露被国家绿色产品认证中心认证为绿色产品。2006 年 9 月 1 日，山西纪兰饮料公司又投资 230 万元新上了矿泉水生产线和果汁饮料生产线，并开发出了核桃系列产品，如核桃仁、核桃粉、核桃罐头等。2006 年 10 月 31 日，西沟村在省城太原开设的第五家酒店"今绣西沟大酒店"开张，这是西沟人家餐饮集团中规模最大、档次最高的酒店。"今绣西沟大酒店"的开张，为西沟及平顺安排了近 500 名劳力，成了西沟村利用品牌化经营，打造名牌产品，推动经济发展的成功典范。

2000 年 8 月 25 日，申纪兰（右五）和县委领导一起为西沟 110KV 变电站工程剪彩。

转型跨越正当时

从 1987 年申纪兰带领西沟群众创办第一个企业投产，到今天已先后办起了 10 多个企业。近 30 年来，申纪兰和支村两委干部同甘共苦、艰苦奋斗，发扬了能吃苦、能战斗、能吃亏的西沟精神。1987 年夏，西沟村筹建铁合金厂时，申纪兰和村委委员周德松到潞城买钢材。提了 5 吨货，一听说装车费就得花 50 元，申纪兰一口谢绝，执意要自己装。正是晌午时分，赤日炎炎如火烤一般，申纪兰和周德松连饭也来不及吃，他俩一人扛，一人装，直到把车装好，坐车走在回村的路上时，才喝了几口凉开水，啃了几口冷馒头。

1989 年 9 月的一天，硅铁厂停电造成结炉，需要尽快清理。申纪兰听说请人清炉需好几千元，于是决定自己干。当时炉内温度很高，穿上劳保鞋下去 5 分钟就能烧焦。申纪兰和另外 3 个村干部分成 4 班倒，每班 3 个小时，每个人 3 分钟，轮流下炉干，这样干了两天三夜，终于清了炉。大家看见申纪兰被火烤得

1943 年 2 月 6 日，李顺达带领
6 户贫农成立了全国第一个互助组。
图为互助组雕塑，现已成为西沟红色
旅游的景点。

满脸通红，心里很是过意不去，但申纪兰却为节约几
千元钱而会心地笑了。就是以这种精神，申纪兰带领
西沟人在面积仅有 3 万亩的光秃秃的干石荒山上栽下
了 25000 亩的人工林，办起了一个个能挣钱的现代化
企业。

进入新世纪，西沟村又先后建成了铁合金厂
8000KVA3 号、4 号电热炉，对 3200KVA1 号、2 号
电热炉进行了技改扩容，建成了西沟石料厂、西沟矿
业公司、山西纪兰潞绣有限公司，扩建了山西纪兰饮
料公司新厂房，修复完善了西沟展览馆，建成了展览
馆二期工程，新建了太行之星纪念碑、李顺达互助组

雕塑、村史亭等旅游景点。初步形成了以核桃露、松蘑菇、小杂粮等为主的绿色产品，以硅铁、电石、石料为主的青色产业和以西沟系列爱国主义教育新景点为主的红色旅游，为西沟进行产业结构调整，寻找新的经济增长点迈出了新步伐。

西沟，在改革开放和社会主义市场经济全面推进的今天，再一次走在了全市、全省和全国的前列。

第五章

不变的劳模本色

金钱就像水一样，缺了它，会渴死；贪图它，会淹死。

——申纪兰

1973 年，时任山西省妇
联主任的申纪兰在太原留影。

不是西沟离不开我，而是我离不开西沟

　　中国人的官本位思想很重，有权就有一切的观念
毒害了很多人，有的人跑官、要官、买官、卖官、抢
官，都快疯了，申纪兰却最不愿当官。

　　1973 年 3 月，中共山西省委决定，任命申纪兰
为省妇联主任。申纪兰是在为难中上任的，她认为自
己没文化，没水平，干不好给党抹黑，当时的这种想
法并不是申纪兰有多高的政治思想觉悟，而是申纪兰
的思想太单纯，太实在了，试想一个刚刚还在搬石

头、种地的农家妇女，转瞬间一跃成了地市级干部，享受正厅级待遇，这难道不是天方夜谭吗？可奇迹偏偏就是在申纪兰身上发生了。

不去吧，这是组织上的决定，申纪兰一生就是这样，凡是党组织决定了的事，她坚决服从，坚决执行，哪怕是西沟村党总支，尽管有些事她想不通，也有些不同看法，不同意见，但面对集体的决定，她只有保留自己的意见。

申纪兰不愿当官还有另一层原因，到省妇联工作后，除了偶尔参加个会议，在一些公文上签个字，画个圈，几乎没有别的事情可做。申纪兰是个受苦人出身，一天不劳动，就闲得心发慌。别人一杯茶水一支烟，一张报纸看半天，而她烟不会抽，茶水喝不惯，报纸也基本看不懂。"又闲又闷，真是难受死了"，申纪兰回忆起在省妇联工作时的情景说，"真是没事做。"所以她每天早晨早早起来就是打扫卫生，当大家8点钟上班的时候，机关内外早就让申纪兰打扫得干干净净了。

就在申纪兰还为这许许多多工作、生活的不适应而感到心急的时候，又有一系列与她职位变动相伴的具体问题摆在了她的面前。

　　人事部门主动找上门来，要
为她办转户口的事。因为她这个
主任现在还是农民，户口不转，
她的许多国家干部待遇就不好落
实。一听说是要给自己转户口，
申纪兰的意识里就本能地有了第
一个反应：户口一转，她就再也
不算是西沟人了。这让她深感不
安，就仿佛是自己的根要被人拔
掉一样。如果她不属于西沟，那
么她能属于哪儿呢？

　　人事部门左一趟右一趟催，
申纪兰却一次又一次地让人家先缓
一缓。一段时间里，这个户口问题
一直搅得她寝食难安。怎么办？她

1973 年，时任山西省妇联主任
的申纪兰在大会上作报告。

终于决定先回趟西沟，跟朝夕相处几十年的乡亲们讨
讨主意。在这个世界上，她知道只有西沟人最了解她。

　　到底是知根知底，患难与共，有着深厚感情的战
友，知道纪兰这么受煎熬，大家的心里都感觉不是滋

味，便设身处地、推心置腹地帮她分析、权衡。

最后，大家自然地把话题放在了那个"户口问题"上，于是，比较统一的认识产生了：户口不能转，农民的身份不能丢。等哪一天不当干部了，回西沟来，锄头一扛就还是农民，就还是劳模。

申纪兰返回太原不久，就向省委提出了"六不"，即不转户口、不定级别、不拿工资、不要住房、不坐专车、不调动工作关系。她的这个举动，在当时引来了社会的一片赞誉声。

"不脱离农村、不脱离农民、不脱离劳动，"是申纪兰的一句名言。这"三不"其实最早并不是申纪兰想出来的，是新华社高级记者冯东书给申纪兰想的"歪点子"。

20世纪六七十年代，冯东书作为新华社记者，经常到西沟村采访，一住就是一年半载，所以对李顺达、申纪兰非常熟悉，彼此成了非常好的朋友。有一天，省里召开

20世纪六七十年代，政府号召大力发展养猪事业，西沟开办了一个拥有20头猪的猪场，已是人大代表的申纪兰亲力亲为，任养猪场场长。

一个会议，开完会申纪兰恰好碰到了冯东书，她就对冯东书说："这每天又闲又闷，你说该怎么办呀？"冯东书看申纪兰发愁的样子，就对她说："劳动是你的长处，开会是你的短处，你又记不了笔记，传达不了文件，确实是在难为你。"后来冯东书就给申纪兰出了个"歪点子"：实在没办法，就开会时来，开完会就回村劳动，千万别不劳动。

申纪兰思来想去，就走了这条路。每当省妇联开会，她就来一下，会上的事情让其他副主任去管，她实际是"坐会"，坐完了会，马上就回西沟村劳动，当村干部，和老百姓在一起。后来冯东书谈到这件事时说："我这个叫申纪兰坐完会就跑的点子虽然有些歪，但是让她当省妇联主任本身就是个歪点子，以歪对歪，就不失是一个好点子。"

再后来的"四不"，即：不定级别、不转户口、不要工资、不坐专车，就是申纪兰自己想出来的不愿当官甘当农民的办法。

在那个年代，一批文化不高的工人、贫下中农先后被提拔登上高层政治舞台的人还不少，其中提的最高的就是山西省昔阳县大寨村的陈永贵，当了中共中

央政治局委员、国务院副总理。西沟村的另一位全国劳模李顺达也当上了中共中央委员、山西省革委会副主任。

　　一般而言，中国的官是越升越高，而申纪兰是往下滑。1983 年，申纪兰好不容易卸任山西省妇联主任，又要她当长治市人大副主任，又是一个地市级干部岗位。这回申纪兰有经验了，仍然坚持"三不""四不"。从 1983 年至今，她已当了整整 30 年的长治市人大副主任了，同样还是有会就从村里赶到市里开会，开完会就马上回到西沟。

　　2012 年 4 月，在结束的长治市第十三届人民代表大会第一次会议上，年近七旬的老劳模申纪兰竟然再次以全票当选长治市人大常委会副主任，这在当代中国的官场上是绝无仅有的，申纪兰的全票当选成了目前中国地市一级干部中年龄最大的农民在职官员，或许只要申纪兰身体健康，她会永远的当下去，因为她身后是数百万群众信

1983 年，申纪兰从省妇联主任卸任回到西沟，继续参加劳动。她说自己是太阳底下晒的人，不是办公室里坐的人。

任的目光，要不怎能届届都当、连选连任、全票当选呢。

　　近几年里，几乎所有写申纪兰的文章都要引用她的一句话："不是西沟离不开我，而是我离不开西沟。"

　　这的确是申纪兰的一句大实话。

　　申纪兰就像一株庄稼，是不可能离开土地而生长的。

　　土地是她的生命之根。

申纪兰的金钱观

　　世界上有不爱钱财的吗?有，申纪兰就是其中的一个。朱镕基总理坐在申纪兰家的炕沿上对她说："纪兰，我知道，你从来没有利用自己的荣誉谋过私。"

　　在西沟村，人人都能给你

申纪兰在玉米地里锄草。

再苦再累的活，只要能干的，申
纪兰都坚持自己动手。

讲出这样一个故事：1987 年，西沟村开始筹建铁合金
厂，浙江温州的一个推销员找到申纪兰推销铜线，申
纪兰知道硅铁厂需要，想买一些，可一问价格高的惊
人，便不买了。

"只要照这个价买下，给你 30％的回扣。"这个
推销员说。

"那更不能买。"申纪兰坚决地回决。

推销员以为申纪兰嫌回扣少，就又掏出一个装
的满满的信封，还递上一块进口表，微笑着推到申纪
兰面前。申纪兰看到信封里装的是钱，马上板着面孔
说："不要来这个，你走吧，和你这种人不能打交道。"

"现在都是这样。"推销员再一次笑着给申纪兰推
过去。

"谁说的，我就不是。"

推销员没招了，最后压价 40％，把铜线卖给了
西沟。十几天后，申纪兰收到了一封来自浙江温州的

信，那位推销员在信中写道："你是共产党员，我也
是共产党员，但你才是一名真正的共产党员。"

20世纪70年代末，申纪兰在省妇联当主任时，组
织上分给了她一套住房。她看到单位的一位想结婚的
年轻人没房子，就主动让给了年轻人，自己却一直在
办公室里住着，一张床，一副铺盖，整整用了10年。

几乎所有人都不会想到申纪兰从来没有报销过一
分钱的差旅费，也没领过一分钱的补助费。申纪兰现
任长治市人大副主任，虽是个农民，没有工资，但有
补贴。她把每月的补贴攒起来为西沟办事，有人说她
是取之于国，用之于民。

随着市场经济的发展，
有多少人的价值观出现了扭
曲，甚至一些中高级干部都被
金钱拉下了马。申纪兰有申纪
兰的原则：市场经济讲求经济
效益，但在政治生活中却应该
坚持党性原则、廉洁自律。

江苏无锡的一个公司想
到山西倒煤发大财，但弄不

申纪兰获得的部分奖章。

91

1992 年，申纪兰获得"太行英雄"光荣称号。

到车皮指标。后来听说申纪兰名气大，又认识许多领导，便托人找到申纪兰，请她当董事长，还拿出给她印好的名片，说别的不要她管，只要弄到车皮，每月酬金 1 万元。申纪兰越听越不对味，以"顾不上"为由推掉了。申纪兰说："要我出去行贿买车皮，钱再多，我也不要。"

还有南方某市的一位女企业家听说申纪兰名气大、关系广，又乐于助人，便找到申纪兰请她当总经理。此外，还有些请申纪兰当"名誉顾问"之类的，均以重金许诺，都被她拒绝了。

近几年来，各级党委和政府对申纪兰的表彰奖励，有的是物质方面的，有的是金钱方面的，申纪兰毫无例外地都捐献给了集体，用于集体各项事业的发展。

1997 年，省里拨专款给申纪兰配备了一辆桑塔纳小轿车，申纪兰总觉得自己用不着专车，不需要浪费国家物资，因此，一直没有去省城提车。直到

申纪兰曾说：西沟是金木水火土，什么也没有，一切要靠自己来造，没有地在山上开地，没有树在山坡上种树，没有水打水、修干沟蓄水。图为申纪兰组织村民打井。

1999 年，省里的领导又捎来话说，小车快要涨价了，不赶紧提车，涨价的钱就不好解决了。乡里和村上的干部意见一致，都动员她先把小车提回来再说。申纪兰觉得大家说的话也在理，为了不让省领导再为此操心，她答应先把车提了回来。车提回来后，村委会便开始商量给她配司机的事，申纪兰知道后，坚决反对。崭新的桑塔纳，被锁进了乡政府的车库。

几个月后，大家又跟申纪兰说，小车和犁楼耢耙不一样，长时间不活动会放坏的。这才终于把申纪兰的心给说活了，她也觉得老把车锁在车库里不叫回事。于是，便答应村委会先临时找个人开车，不要配专门司机。并且再三叮嘱村支书和村委主任说：

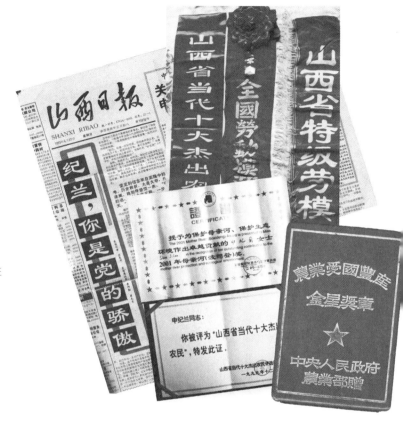

申纪兰获得的部分荣誉称号和证书、奖章。

"车是让乡里和村集体使用的。另外还有个原则，不能用车办私事，谁用车谁掏钱加油！"

规矩立下没几天，申纪兰的侄女正要出嫁，小叔子亲自找她用车送亲。

申纪兰说："车我倒是有，可我不会开"。

小叔子知道嫂子说这话的意思，一转身就走了。

这么多年了，小叔子心里清楚，嫂子做什么事都是严格要求自家人，立规矩都是先从家人、亲戚开刀，这也正是申纪兰始终立于不败之地的一大法宝。

2001年6月，申纪兰被全国保护母亲河委员会表彰为保护母亲河（波司登）奖，奖金2万元。申纪兰回来后，正赶上村里打井缺少资金，就把2万元捐出来打了井。

2001年7月1日，申纪兰被中组部表彰为全国优秀共产党员，申纪兰又把中组部奖励她的5000元现金，一分不少的交给了集体。

金钱，在申纪兰面前犹如浮云。你想，申纪兰连自己口袋里的钱都用到了老百姓身上，怎么还会拿不义之财呢？

大到几千万把，小到三块五块，申纪兰对待金钱有自己的看法，"金钱就像水一样，缺了它，会渴死；贪图它，会淹死。"她还常说："钱这个东西，乡亲们用和自己用都一样。"因此，乡亲们找她借钱，只要有，她就解囊相助。沙地栈村的乡亲们说，申纪兰这些年三元五元借给乡亲们的钱，总有好几千，还她，她就收下，不还，她从来不要。村里张根则老汉无儿无女，得病住院，她不仅贴了住院费，老汉死后，又是她主持操办了丧事。

多少年来，申纪兰贴上腰包办公事，掏上腰包给群众办私事的事迹数不胜数。

生活中的申纪兰是清贫的，但她又是富有的，在她家里珍藏着她同许多党和国家领导人合影的珍贵照片，还有几十年来获得的一摞摞荣誉证书和一个个奖状，这些珍贵的纪念，又是多少金钱能够换来的呢？

申纪兰的群众观

申纪兰有句口头禅——只要群众富了，我就富了，只要群众有了，我就有了。在她的心目中，群众是上帝，群众是英雄，群众是父母，群众的吃穿住行，群众的喜怒哀乐，群众的脱贫致富，都在她心里，唯独没有她自己。

西沟村有一个"五保户"叫张买女，10多年来，是申纪兰给她送去了无微不至的关怀和照顾，送去了人间真情和温暖。看她没粮了，申纪兰便打发人买来并给她背去；看她的衣服脏了破了，就亲自为她拆洗

申纪兰帮助残疾村民张建荣建房。

缝补；看她病了，就为她找医送药，一日三餐地为她做饭；申纪兰自己铺补丁摞补丁的床单，却把家里保存的一条新床单拿去给她铺上；她自己不一定每年都要置办新衣，却一定要为她买一套新外套，买两双新布鞋；每次外出开会回来，都要把给婆婆买的食品分一部分给她送去。

张买女生病了。只要申纪兰在，每天的两顿饭都

纪兰饮料销路不旺，申纪兰看在眼里急在心上。闲暇之余申纪兰常到这里帮忙。

是在家做好后给她端过去的。病情严重时又把她送到乡卫生院，让医生给她诊断、用药、输液、吸氧。张买女死后，申纪兰又张罗安葬了她。

乡亲们的事，就是我的事。申纪兰在日常生活中，谁家有了困难，就到谁家去帮忙解决；谁家两口子生气打架，就到谁家去调解；谁家在外遇到了难题，就去出面疏通，她只要在家，随叫随到。1992年，村民张建荣盖房摔断了腿，是申纪兰找上车，送到了市医院，找来了好医生给他看病，还守护了一夜。

村民张忠起第二天要成婚，可有冤家散布谣言说他犯了法，公安局要抓他。女方一听就要吹，张忠起百般解释，女方就是不信。张忠起找到申纪兰帮忙，申纪兰匆匆出门，20多里的山路，她赶得浑身发热，傍晚就到女方家。有申纪兰的担保，女方终于消除了担心。还有张秋才3个儿子的婚事，都是申纪兰给张罗操办的；马俊召儿子的炼铁炉因没了铁要停炉，是申纪兰出去给他买回来了半汽车材料。

1987年，申纪兰当选西沟村金星经济合作社社长。她说："致富有先有后，但不能让一个人掉队，这就是合作社的任务。"

西沟村村民郭军显，小儿麻痹致残，家中生活艰难，申纪兰多次登门开导，鼓励他搞家庭养殖，还帮助郭军显购来种兔、种猪，并给他找场地。现在郭军显养兔百余只，养猪50余头，收入上万元。

申纪兰一年四季总是忙忙碌碌的。村民们想外出搞劳务，她便出门揽活计；村民们为党参积压发愁，她就上河北、安徽找销路；村民门需要化肥、种子、农药，她就外出采购，只要是村民门找她办事，她总是尽力而为。

甚至一些伸冤告状的也来找申纪兰。1999年四川省一位60多岁的农妇慕名找到了申纪兰，一见面，这位老人就哭天抹泪地诉说着自己的冤情：心爱的女儿被县里一位领导的儿子霸占了，丈夫多次上访告状无果，反倒被这位县领导的儿子活活打死，六七年了这事仍没人管。申纪兰听后非常气愤，在第九届人大三次会议上，申纪兰把这封农妇的信转交给了有关部门，不久，就收到了这位农妇的感谢信。

黎城县有两个农村妇女找到申纪兰又是磕头，又是喊冤。原来她俩的一位亲属，因车祸死亡，但死者单位迟迟不按交通部门的处理意见赔偿。她俩在走投无路的情况下想到了申纪兰。申纪兰仔细地听完她们的叙述后，让去找市里的领导，很快就有了回音。还有一位吕梁山来的妇女，丈夫吃了冤枉官司无人管，她坐了两天一夜的车找到了申纪兰。申纪兰把状子收下，让这位妇女在自家吃了饭，又给了她100元钱，请她回家静候佳音。

为了百姓的事，她贴上钱搭上时间跑；为了百姓的事，她顾不上吃饭，顾不上睡觉；为了百姓的事，她顾不上自己的子女，忽略了自己的家庭。申纪兰就是这样，几十年如一日，一心为了群众从不为自己，在太行山上那个小沟沟里奉献着自己的生命和才智。

吃百家饭，睡百家炕，申纪兰一直生活在群众中间。但她是人不是神，她也有自己的喜怒哀乐。

申纪兰是个大名人，是个享誉全国乃至世界的名人，然而她却像一个普通农民那样生活着。端一碗饭，串东家，走西家，和群众一起在饭场上蹲着海阔天空地胡侃，在地头岸边与群众一起谈天说地，完全没有名人的架子。在群众的眼里，申纪兰是个与普通群众没有什么两样的人。好事群众愿意跟她讲，孬事群众愿意跟她说，就是年轻的大姑娘、小媳妇有什么心事也愿意找申纪兰倾吐倾吐。

申纪兰是个大忙人，村里的婚丧嫁娶、生日满月等大事小事之类，都想让申纪兰露个脸，而她总是乐此不疲。以前婆婆活着的时候，去其他村忙，吃饭的时候，申纪兰总要赶回来，给婆婆端上一碗大锅饭吃一吃。1999 年，婆婆去世后，申纪兰没了负担，走到哪里，就吃到哪里；忙到哪里，就睡在哪里。

申纪兰吃饭很粗糙，群众吃甚她吃甚；申纪兰睡觉不讲究，睡在哪里她都行。申纪兰干活最有条理，样样生活都安排得井井有条。因此，群众都乐意叫她，时间一长，她竟然成了群众的"大管家"。

申纪兰与家人

申纪兰为群众的事忙前忙后，却从来不曾用自己的职权和名气为自家人谋过任何福利。

申纪兰是全国人大代表，名气很大，见的大领导很多，亲戚们求她办事的也很多。但申纪兰对亲戚们要求很严，从来不对亲戚们做什么许诺。

她有个侄孙叫申增贤，20 世纪 70 年代在县里建的化肥厂当民工，后来挑选为徒工，一干就是 15 年。由于家里有年迈的奶奶（纪兰的母亲）和他的父亲，为了照顾老人，他就想从几十里地外的化肥厂往县城里调一调，这样可以工作、家务两不误。他想到申纪兰是他的老姑，名气又大，跟县里的领导都能说上话，求她那是碗里扎圪嗒（平顺方言，意思是保险能成）的事，更何况自己调回来主要是照顾老奶奶（纪兰的母亲）。于是，一天早上，申增贤满怀希望，胸有成竹地跑到西沟。到了申纪兰家里，增贤硬着头皮说了自己想往县城调动的事。等增贤说完，纪兰伸出她那双满是老茧的手，拍了拍增贤的肩膀说："老姑知道你是想把工作干得更好一些，给老姑增光。我知道你工作很尽心，只要你好好干，厂里就不会亏待你！"攥着老姑那粗糙的大手，申增贤感到一肚子的话没了，只好悻悻而归。

　　没过多久，申纪兰从省城开会回来，给增贤买了一块当时非常时髦的上海手表，还给他爱人买了件新衣服。她深情地对增贤说："孩儿啊，你还很年轻，一定要好好工作，不管到什么时候，不管在哪里，只要你好好工作就不会吃亏！"

后来，申增贤从县化肥厂调到县总工会，又从县总工会调到县体改办，又从县体改办调到文联当主席，工作几次调动，但没有一次和申纪兰有关系。

申纪兰就是这样，从不给组织添麻烦，不该沾的光她绝不让亲戚沾。但只要和她打交道的人，不光是亲戚，即使其他人也能感到她那深深的情，炽热的爱。

不但不为自家人谋私利，在面对工作的时候，即使家里出了再大的事，申纪兰也总是把党的工作放在第一位。

1996 年 8 月，申纪兰的丈夫张海亮被查出肝癌晚期，癌细胞已扩散。申纪兰跟儿女们轮班伺候丈夫，一口一口喂饭，一夜一夜陪护。这段时间，申纪兰明显消瘦了，但她还是硬着坚持到了最后一刻。那是夫妻 50 年情与爱的体现啊！ 50 年来，两人为了各自的事业彼此问心无愧；50 年来，天各一方却相互恩爱肝胆相照。

就在张海亮刚刚病逝不久，晋南一个县的参观考察团，在县委书记和县长的带领下，来西沟参观学习，接受廉政教育。申纪兰丧事在身，但面对远道而

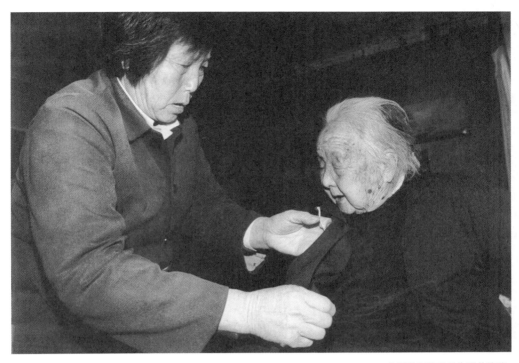

申纪兰伺候双目失明的婆婆。

来的客人，她没有找任何理由推辞，而是强忍悲痛，去接待了参观团全体成员。更令人感动的是，她还认认真真地为大家讲了足足一个多小时的党课，全场人员屏气凝神，听了申纪兰的讲述，无不深受感染。之后，丝毫不知内情的客人提出了要到申纪兰家里看一看。要在以往，申纪兰一定会爽快的答应，可是现在丈夫还未安葬，怎能让人进家呢？身旁展览馆的一位领导见此情况，不得不向客人说出实情。客人一听此言，双手紧紧握着申纪兰的手，不知该说些什么，两眼含着泪水。参观团的每一位成员都为申纪兰的这种精神和品质所感动。

申纪兰搬家

2006 年的腊月廿六，老劳模申纪兰搬进了新房，这事在西沟村引起了不小的轰动。

西沟村的群众都来帮忙。申纪兰高兴地把大家领到了二楼，一会儿推开卧室门，一会儿推开书房门，生怕大家看不清楚，"楼上楼下，电灯电话，在西沟能这样，不容易呀！"70 多岁的老人满面春风。

申纪兰搬家，就是一个感人的故事。

申纪兰是西沟村的功臣，是全国唯一的第一届至第十二届全国人大代表，曾担任过山西省妇联主任，现任长治市人大常委会副主任、西沟村党总支副书记。60 多年来，她一直没有离开过西沟村，一直住着那间低矮破旧的瓦房，20 多平方米狭长的空间既是卧室，又是厨房，还是客厅。家里的摆设也都是 20 世纪六七十年代的老式家具，正墙根儿是一张旧桌子和一个小柜子，两边山墙各放着两个大木板箱，一张老式木床占去了大半间屋。就是这张老式木床也是 2006年春天才把土炕打去抬进屋的。西沟村党总支多次想

申纪兰卧室的一面墙上，挂满了
一个农家女的荣耀。

给她换个稍微现代化的新式床，她就是不答应。

　　也许谁也不会相信，她铺的床单竟然是破的，方
方正正地补了好几块补丁。再仰头看那顶棚，几年没
有重新糊过了，一圈一圈的像尿布一样。申纪兰说：
"因房屋漏雨，就成那样了。"2005 年张高明让村里
的副业队上房顶摆了摆瓦，更新修补修补，当年不漏
了。申纪兰的家和西沟村其他村民新建的房屋形成了
强烈而且鲜明的对比，那是一排排红砖青瓦二层小楼
的新式农民住宅。

　　说实在的，申纪兰也不是盖不起一座漂亮的二层
小楼房，是她不盖。县、乡、村的干部和群众多次动
员她住进条件较好的房子，她都婉言谢绝，理由很简

单:"等西沟村的村民生活条件都改善了，再说!""只
要西沟的群众都吃好了，穿好了，住好了，我的问题
一天就解决了。"

1994 年 8 月 28 日，时任中共中央政治局常委、
国务院副总理的朱镕基在山西视察时，专程来到太行
山深处的平顺县西沟村看望申纪兰，申纪兰兴冲冲地
陪着朱总理一行，一边在村里转着，一边介绍西沟村
这些年来的变化。忽然，朱镕基总理提出要到申纪兰
家看看。

当朱镕基总理迈进申纪兰的破旧小屋时，映入眼
帘的首先是墙上那挂满了与毛泽东、周恩来、邓小平
等老一辈无产阶级革命家的合影，还有申纪兰几十年
来获得的荣誉奖状。"挺干净，挺卫生的吗!"朱总理
边说边坐到了炕沿边，开始欣赏那一张张照片。申纪
兰向朱总理汇报说:"我家还不富裕，代表不了今天
农民的生活水平，还是看看村里的其他农户。"朱总
理动情地说:"纪兰同志，我都了解，你只为了工作，
从来没有利用自己的荣誉谋过私利。"随后，朱总理
站在挂着满墙照片的正墙下面，招呼大家说:"来，
来，来，咱们在这么多领袖和英雄面前照个相。"

2006 年春，村里统一进行新农村改造，她和邻居家的老屋都被列入旧房改造的行列。

改造前，有人提议让申纪兰换个地方建新房。说一来面积小，基础只有 3 间大；二来想留下，将来做个纪念馆。

申纪兰坚决不同意。换地方就要占耕地，那是她最心疼的事；至于纪念馆，就更没必要。她说："周总理把骨灰都撒了，我一个老百姓还留房子做啥？"

多年的劳动使年过八旬的申纪兰仍然身板硬朗，雪还未下完，她就用自制的扫帚将院子打扫干净。

备料时，按村里规定，经过批准木料可以到山上解决，但纪兰坚持让儿子在长治购买。她说："我栽了那么多的树，还不能用一棵？能，但在西沟山上栽活一棵树多不容易呀。再说，咱当干部的，还能带这个头？"

盖房时，村干部考虑申纪兰忙，村里应该找人帮帮她。乡亲们也觉得平日老是麻烦她，这回总算有了机会，多少也该为她出把力。申纪兰却不肯连累大家。她找了一个省事办法——一包了之。

搬家时，来了不少人。其中有一些人心存好奇，想看看这个"国宝"家里究竟有些啥宝贝。但让人大失所望的是，除了几件旧家具和一大堆照片外，什么也没有。

房子的故事，还不止这些。

照理，申纪兰应该不缺房。她当了 10 年省妇联主任，30 多年长治市人大常委会副主任，太原和长治都给她分过房子，但她都谢绝了。

第六章

人民代表大会的见证人

为人民服务，有一百个理由；为自己盘算，没有任何借口。

———申纪兰

见证历史

　　有人说，从申纪兰身上可以看到中国人民创造社会主义民主制度的辉煌。是的，1952 年申纪兰就在太行山上偏僻的西沟村率先举起"男女同工同酬"的大旗，为劳动妇女争得了民主权利，也就是从那时

1954 年 9 月，出席第一届全国人民代表大会第一次会议的申纪兰代表在报到。

1954 年 9 月，申纪兰在第一届全国人大一次会议上投下了自己庄严的一票。

申纪兰在用表决器进行投票

起，申纪兰和中国的民主法制建设紧紧连在了一起。

1954 年 9 月，第一届全国人民代表大会在北京召开，1200多名全国人民大表进京开会，申纪兰和西沟村的李顺达、川底村的郭玉恩一起当选为全国人大代表。当时的申纪兰仅仅 20 来岁，梳着两条长辫子，她回忆说："我们神圣地投了毛主席一票，投这一票时我连话也不敢说。我就是把那个圈画得圆圆的大大的，把它尊尊重重地投到票箱里头，我开会走的时候，群众就嘱咐我，我原原本本地完成了这个任务。那时我不敢多说话，我就记住把毛主席选上就行了"。申纪兰从此开始了她至今长达 60 年的全国人大代表生涯，她参与了新中国每一次国家主席的选举，审议了每年一次的一府两院工作报告，参与了每一部法律法规的制定和表决。

凤毛麟角

1998 年 3 月 5 日至 19 日，第九届全国人大第一次会议在北京人民大会堂举行。申纪兰又一次作为全国人大代表出席了大会。如果说申纪兰在过去的全国人大代表中不那么显山露水的话，那么在九届一次全国人大会议上就很是引人注目，因为她是唯一从第一届到第九届连续当选九届的全国人民代表大会的代表。

从 1954 年的第一届全国人民代表大会到 1998 年的第九届全国人民代表大会，新中国走过了一条充满理想、充满探索、充满奋斗的发展道路。申纪兰作为唯一的连任九届全国人大代表，也由一个充满朝气、梳着两条大辫子的年轻妇女，成为风霜满肩、年近古稀的老人。她历经了九届全国人民代表大会的全过程，尽管不是在权力的中心，而是基层农村的一个代表，但也足以有资格说她见证了共和国的民主发展历程。

中央政治局常委、国务院副总理李岚清和申纪兰亲切握手；

国务院副总理吴邦国倾听申纪兰的心声；

国务院副总理温家宝和申纪兰亲切交谈；

全国人大副委员长邹家华和申纪兰合影留念；

全国人大副委员长姜春云给申纪兰签名留念。

她走出人民大会堂，立刻被中外记者团团围住。她已不是当年不敢对媒体说话的代表，而是从容地回答了记者的提问。她在住处接受了中央电视台《焦点访谈》著名记者白岩松的采访，也是有问必答，侃侃而谈。

她在谈到"第一届人大与第九届人大有什么变化"时说："我是代表，就说代表。代表的结构不一样了，现在的文化程度特别高了。以前的代表，比如像李顺达同志，像郭玉恩，像我，都是个小学生，连个初中生都不是。现在，大学生、研究生都有了。人民代表的素质提高了，可以代表我们社会的发展，可以代表国家的进步。你要说导弹也好什么也好，没有科学人才就是不行。"

在这次大会上，当申纪兰听人们说自己是唯一的

申纪兰和全国劳模武侯
梨(左)、郭玉恩(中) 在一起。

连任九届全国人大的代表，心里很高兴。但是，当她走过华灯初放的天安门广场时，心头竟掠过一丝淡淡的孤寂。

"怎就剩自己一个人了?"她不由得问自己。

当年平顺县叱咤风云的全国四大著名劳动模范——李顺达、武侯梨、郭玉恩、申纪兰，现在走在天安门广场的仅有申纪兰一人了。当年第一届全国人民代表大会的代表，现在仍然在人民大会堂作为代表举手的也只有申纪兰一人了。

2000 年 3 月，在全国人大第九届三次会议的讨论中，中共中央总书记、国家主席江泽民来到山西代表团。

山西省委书记田成平向江总书记介绍说："坐在第一排的那位女代表叫申纪兰。"

江泽民说："这个我知道。我认识她。"

田成平又说："她是从第一届到第九届的人大代表。全国连任的人大代表中就剩纪兰一位了。"

江泽民说："我知道这个情况。凤毛麟角，很可贵啊！"

凤毛麟角，江总书记对申纪兰的这个赞誉，很快在人大代表中传开。

山西电视台的记者在人民大会堂前采访了申纪兰。申纪兰说："我从1954年第一届当人大代表，开到现在，我感觉国家变化太大了。从我自己来说很受教育。只有新中国才有民主法制的发展。特别是在法律面前人人平等，这就是中国的民主。所以我自己感觉我每年开会，（是）芝麻开花节节高，一年比一年好。"

人们向申纪兰表示祝贺："总书记说你是凤毛麟角，多好哩。"

纪兰问："是？是这样说来？我只顾开会哩就没听见。"

时任平顺县人大主任王光明说："下一届要是安

排代表不受年龄限制，我相信，她还能当选第十届人大代表。"

事实证明，就在申纪兰当选了第十届全国人大代表。世界进入了一个新世纪。时空变幻，岁月无痕。太阳每天都是新的。

60年来，申纪兰每年至少要到北京参加一次人

2013年3月7日，"两会"上申纪兰脱稿发言。申纪兰说这几年全国发生了翻天覆地的变化，在交通方面发展很快，从前她骑驴从西沟到北京开会需要4天多，现在她先到太原，然后到北京只需要2.5小时。

1979 年 6 月 21 日，第五届人大二次会议，申纪兰（右）和植棉专家吴吉昌在小组会上讨论政府工作报告。（刘少山摄）

1986 年 3 月 29 日，出席第六届人大四次会议的山西省代表在分组会上审议第七个五年计划的报告。图为山西省省长王森浩代表（右三）同张万福（右二）、冯宏章（右一）、申纪兰（左三）等代表一起讨论起草向大会提交关于加快山西铁路建设，以便充公开发利用山西煤炭资源的提案。

1994 年 3 月 18 日，出席第八届全国人大二次会议的全国人大代表申纪兰（中）、李双良（右）、亢龙田（左）在一起商讨为贫困山区修路的问题。

代会，1954 年第一届人代会时，申纪兰住在北京的一家4平方米小旅馆，现在早就找不到了。她说："我不仅见证了北京的变化，更见证了历届人大的变化。"说到人大最大的变化是什么？申纪兰的脸上忽然放射出了一种希望的光芒。她说："要说人大的变化，最大的变化是人大代表中年轻人多了，知识层次高了，素质高了。那么多的大学生、研究生、留学生，这是从来没有的。当年我和李顺达、郭玉恩参加一届人大时，还基本上是个文盲。特别是妇女代表，更是人才辈出，有女部长、女书记、女专家、女教授、一个赛一个的精明能干。再一个是代表参政议政能力也比过去高了。现在人大讨论问题，比过去复杂的多，就拿立法来说，第一届人大时，除了宪法，只有《婚姻法》等几部法律。现在每届人代会都会通过几十上百部法律，代表们讨论起来，都头头是道，像今年开人代会审议温家宝总理《政府工作报告》，代表的水平就比过去高出了许多。年轻代表们更是有学问、见识广，我觉得有点儿插不上嘴了。"

随着人大代表队伍中越来越多的青年力量融入，申纪兰这位连任代表成了年轻代表们学习的榜样。

　　1998 年，年仅 32 岁的韩长安当选为第九届全国人大代表，他是山西潞宝集团公司董事长兼总经理，是山西代表团中最年轻的代表。那时，小韩创建潞宝集团公司才刚 3 年，但却拥有 4 千多万元的固定资产，上缴国家税收 900 万元。作为年轻的全国人大代表，如何才能履行好人民代表的职责，韩长安心里确实没底。而申纪兰代表的名字，在他上小学的时候就印在他幼小的心灵上，这次在全国人代会上见到了敬重的申纪兰代表，他打心眼里高兴，于是，小韩暗暗下定决心，要向这位老代表学习，尽快提高履责能力。

　　申纪兰、韩长安，一老一少，亲如一家。小韩为了向申纪兰代表学习，几乎每天登门求教，除开会和讨论时间，总是形影不离。申纪兰就像妈妈对待自己的孩子一样倾心尽力，关心爱护。刚到北京的第二天，她就带着小韩登上天安门城楼，站在五星红旗下，向小韩讲述毛主席等党和国家领导人接见她的情景，以及她尽心为人民履职尽责的事儿。申纪兰说，当好代表最根本的是要心中时时装着共产党，全心全意为人民，有这一条就能当一名好代表。参加会议的日子里，这一老一少代表总有说不完的话。

　　也许，是 60 年的人民代表生涯改变了申纪兰。谁能够想象，申纪兰参加第一届人代会时连话都不敢说，更不敢发表意见，甚至连选票上的"毛泽东"三个字都不认识，如今的申纪兰能读书、看报、阅读文件了，特别是外出作报告、汇报工作，她讲的层次分明，重点突出，甚至向全国人大提建议、写议案都是自己亲自执笔。申纪兰面带微笑地说："人民代表是代表人民的，现在人民的水平普遍提高了，当代表的水平要是不提高，就代表不了人民啦。"

年轻的人大代表韩长安聆听老代表申纪兰的光荣事迹。

　　人民代表大会从第一届到第十二届已经走过了 60 年的光辉历程，而申纪兰也由一个年轻姑娘变成了一个饱经风霜的老人。60 年来，申纪兰从基层选举当代表，到当选县人大代表、市人大代表、省人大代表，直到连任十二届全国人大代表，她见证了人大的整个发展历史，见证了民主与法制在中国大地的生根发芽。

这位从新中国建立初始就成为人大代表，几十年来一直同祖国一起进步的"元老级"代表引起了社会各界的广泛关注。

2008年3月，第十一届全国人民代表大会在首都北京隆重召开。10日，参加会议的申纪兰接受了德国记者的采访。

采访的过程中申纪兰谈了她这几十年做人大代表的感受

记者："你当时怎么被选上代表的？当时你做什么工作？"

申纪兰："经过民主选举，谁能代表了人民利益就能当代表。我当时在西沟做妇女工作，第一个提出并实现了'男女同工同酬'。这都要感谢共产党，以前旧社会看不起妇女，都说'好女不出院'。现在我们有了女省长、女企业家，妇女在政治上、经济上都享有平等的地位。"

记者："参加了11届人民代表大会，中间经历了很多历史的起伏，比如'文革'时期的人大会议，你最大的感受是什么？"

　　申纪兰："每一个工作都有矛盾，我们都是在矛盾中生活，在矛盾中成长，有矛盾是正常现象，应该正确看待这个问题。"

　　最后，德国记者问申纪兰："下一届还要继续当人代表吗？"

　　申纪兰看着这位德国记者，笑了笑说："当不当代表，我说了不算，群众选我，我就当，不选我，我就当不上。不过，不管能不能当上代表，我都会关心国家、关心人民，尽心做好应做的事情。"

　　这次采访，不论德国记者的提问如何犀利，申纪兰始终沉着、冷静，从容应答，采访结束后，德国记者曾这样称赞申纪兰："她始终如一的坚持和积极给我留下了深刻印象，她是一个有信仰的坚强女性。"

代表人民

　　"人民代表，就要代表人民，代表人民说话，代表人民办事"，申纪兰是这样说的，也是这样做的。60 年来，申纪兰所提的提案，有关系国计民生的大事，也有涉及广大群众利益的小事，究竟提了多少，她自己也记不清了，但是像山西省的引黄入晋工程、太旧高速公路建设、大运高速公路建设、中西部开发、山西老工业基地改造以及长邯高速公路、长治到北京列车、飞机场建设、还有平顺县提水工程、赤壁电站、青羊公路等，都在她和其他全国人大代表的提议下变成了现实。

作为一名农民代表，申纪兰最知道农民想说什么，想干什么，始终关注着农村的发展情况和农民的生活状态。现在虽然农民吃饱了，穿好了，但经济还不富裕，生活水平仍然很低，如何让每一个农民都富起来，过上小康生活，是申纪兰多年来一直向全国人大反映的问题，特别是近年中央下发了关于农民增收的"一号文件"，申纪兰特就农业税减免、农民负担、结构调整等农业、农村、农民问题，向大会作了汇报，她特别希望中央出台一些针对山老区发展的优惠政策，支持山老区农林牧畜全面发展。

申纪兰还十分关心妇女和儿童的合法权益，每一次人代会她都要把妇女、儿童的建议带到大会上，她说她希望把妇女半边天的作用发挥出来，共同建

申纪兰出席全国人民代表大会时
使用的文具、笔记本。

申纪兰的第一届全国人民代表大
会出席证。

设小康社会。儿童是祖国的花朵、祖国的未来，为
少年儿童和青年学生作传统教育是申纪兰义不容辞
的责任。近几年来，申纪兰先后担任了包括山西大
学、山西师大、长治学院、平顺中学等 20 余所大中
小学的校外辅导员，先后做过几百场传统教育报告，
受教育人数达到了数十万之众。去年"六一"，当她
在学校了解到有些青少年进网吧，影响了学习，影
响了身心健康时，申纪兰心急如焚，在第十届人大
二次会议上，她又和代表联络，提出了"限制未成
年人进网吧"的议案，得到了中央有关部门的重视，

申纪兰作为人大代表，经常代表基层群众向全国人民代表大会提出建议。最近，申纪兰收到了水利部对她在第九届全国人大二次会议上提出有关治理黄河北干流的第 2724 号建议的答复。

并对网吧进行了重点整治。2013 年的全国"两会"上，申纪兰又提出了国家继续加大贫困地区扶持力度，新农村全面建成小康社会的建议；新农村建设土地问题，提出要新农村建设，也要节约用地等问题。

社会在前进，时代在发展，人大代表的职责和作用，以及申纪兰在社会上的影响也不断扩大。起初她只知道提自己身边最贴近的问题，后来逐渐提一些关系国计民生的根本性大问题，行使代表的职责水平也在不断提高，她所关心的农村公路交通、假冒伪劣坑农伤农、司法公正、惩治腐败、拐卖妇女儿童、村委会换届都是她提议案的范围。不仅这些大事，就是群众生活中的小事，只要找到申纪兰，她总是尽力而为。这么多年来，她那简陋的家早成了群众的接待室，每天都有人来访，甚至还有人从吉林、辽宁、天津、浙江等地不远万里来找她反映问题，申纪兰总是尽力相助，她说："大家这么信任我，我没有理由不尽职尽责"。

70 岁高龄的申纪兰学习使用电脑。

与人大风雨同行

　　从 1954 年的金秋时节，到 2014 年，申纪兰和人大共同走过了 60 年的风雨历程。我国人民代表大会制度的建设、发展走过了曲折而光辉的道路，申纪兰是这场伟大事业的积极参与者，又是唯一经历全过程的见证人。今天，面对饱经风霜的申纪兰，我们仿佛又看到她骑着小毛驴，踏着弯弯的山路，走进县城，换乘汽车，再换乘火车，进京参加第一届全国人民代表大会的情景，整整 60 年，历经风霜雪雨，申纪兰的根扎在西沟，扎在人民群众心中。不论在什么时

申纪兰和孩子们在一起。

候，什么情况下，申纪兰总是坚信，群众是真正的英雄，人民是历史的创造者，中国的民主建设进程只会前进，不会后退。1959 年 4 月第二届全国人民代表大会召开，由于"反右"扩大化的阴影和"大跃进"运动，人大代表已很难大胆地提出不同意见，但申纪兰面对至上而下的浮夸风，以及全国各地粮食生产放火箭、放卫星，始终要求实事求是，坚持能打多少就报多少，她曾说："劳模可以不当，假话不能说"。1964 年 12 月第三届全国人民代表大会召开，时隔 10 年后的 1975 年，第四届全国人民代表大会召开，由于"文革"左倾错误，"四人帮"横行，民主法制遭到践踏，作为老资格的人大代表，申纪兰也常扪心自

131

1995 年，国务院总理李鹏视察平顺并看望申纪兰。

1994 年 8 月 28 日，时任国务院副总理朱镕基在西沟视察。

2001 年 5 月 17 日，中共中央政治局常委李瑞环在首届"全国保护母亲河（波司登）奖"颁奖时接见申纪兰。

1998 年，时任国务院副总理李岚清出席第九届人大一次会议，与申纪兰亲切握手。

1998 年，第九届人大一次会议期间，时任国务院副总理吴邦国看望申纪兰。

1998 年 3 月，时任国务院副总理温家宝在第九届人大一次会议上接见申纪兰。

2012 年 2 月 19 日，时任中宣部部长刘云山在西沟视察工作。

2013 年 3 月 8 日，中共中央政治局常委张高丽在第十二届全国人大一次会议上看望申纪兰。

135

山西省委书记袁纯清在
西沟。

山西省长李小鹏在西沟。

原长治市委书记、山西
省改革创新研究会会长吕日
周在西沟。

问，这是怎么了？但她并没有趋炎附势，而是一直在西沟坚持参加生产劳动。1978 年第五届全国人民代表大会召开，申纪兰第五次当选全国人大代表，她见证了这次历史大转折。

60 年来，人民代表大会制度在曲折中不断前进，中国的民主法制建设在不断完善，而申纪兰也在不断与时俱进，从植树选林、打坝造地，科学种田到带领西沟村建起乡镇企业，开发红色旅游，西沟村正在建设和谐、富裕、美丽的新农村。回顾 60 年的人民代表大会制度，面对西沟村改革开放取得的新业绩，申纪兰感慨万千："真是变化太大了，我每年到北京开会，总感觉到是芝麻开花节节高，一年更比一年好。"

　　申纪兰在西沟这条路上一走就是 60 年，她说："做一个合格的干部，你就得为人民服务，为人民干事，这可不是一句话，真要做到不容易"。

申纪兰年表

1951 年 9 月 22 岁任西沟村农业初级生产合作社副社长,发动和带领全村妇女参加劳动,争取实行"男女同工同酬",成为在全国率先举起"男女同工同酬"大旗的第一人。

1952 年 4 月 当选并出席第二次全国妇女代表大会。同年又被选为世界妇女代表大会代表,并出席在丹麦首都本哈根召开的世界妇女代表大会。

1953 年 10 月 加入中国共产党。

1954 年 9 月 25 岁当选第一届全国人民代表大会代表。

1958 年 参加全国群英大会。

1971 年 担任中共平顺县委副书记、晋东南地区妇联委员。

1973 年 担任山西省妇联主任。

1979 年 12 月 被国务院授予"全国劳动模范"称号。

1983 年 担任长治市人大副主任。

1989 年 12 月 再次被国务院授予"全国劳动模

范"称号。

1995 年 5 月 第三次被国务院授予"全国劳动模范"称号。

2000 年 被授予首届"全国保护母亲河（波司登）奖"。

2007 年 2 月 28 日 新华社、人民日报、中央人民广播电台、中央电视台、山西日报、山西电视台等十多家国家和省级新闻媒体在同一时间联合推出大型系列报道《时代先锋—申纪兰》。

2007 年 9 月 荣获"全国道德模范"称号。

2009 年 10 月 被评为全国双百人物，新中国成立以来最具影响力的劳动模范称号。

2012 年 3 月 被全国绿化委员会表彰为国土绿化突出贡献人物。

2013 年 1 月 30 日 当选第十二届全国人大代表，成为唯一一名从第一届连选连任至第十二届的全国人大代表。

后　记

　　2014 年，时值全国人民代表大会制度建立 60 周年。申纪兰是中国唯一的一位一至十二届全国人大代表，她是人民代表大会制度全过程的经历者和见证者。此时，我们推出《世纪人民代表：申纪兰》一书，有着重要的意义。

　　《世纪人民代表：申纪兰》是要告诉大家一个真实的申纪兰：在为人熟知的荣誉背后，她是一个 84 岁高龄的老人；一个每天仍坚持劳动的全国劳模；一个践行"五不"原则（即不领工资，不转户口，不定级别，不离开西沟，不脱离群众）党的高级干部；一个三句话不离感恩共产党，但也经常批评一些歪风邪气，坚定履行代表职责的人民代表。

　　平顺县西沟展览馆是国内保存申纪兰资料最为完整的单位，本书的大部分图片和文字由西沟展览馆提供。

　　作为本书的主要编者和策划人之一，国家新闻出版广电总局挂职干部章泽锋利用在平顺县工作的两年时间里，走进西沟，走近申纪兰，为这位老人民代表爱党敬业、心系群众、乐于奉献、淡泊名利的精神所深深感染。他为本书的编辑出版付出了辛勤的劳动。

本书的出版,要感谢全国人大办公厅,国家新闻出版广电总局,中国文联,中国新闻出版研究院,人民出版社;感谢中共山西省委宣传部,山西省文联,长治市委,长治市委宣传部,平顺县委,平顺县政府,平顺县委宣传部,平顺县文联,西沟展览馆,申纪兰基金会等单位的大力支持。

本书的出版还得到了许多领导和朋友的指导和关心支持,他们是:全国政协常委、全国政协文史和学习委员会副主任、中国党史学会常务副会长龙新民,国家新闻出版广电总局党组成员、副局长孙寿山,中纪委委员、国家新闻出版广电总局党组成员宋明昌,全国工商联副主席庄聪生,山西省委常委、宣传部部长胡苏平,全国人大办公厅新闻局局长何绍仁,国家新闻出版广电总局办公厅副主任、扶贫办主任朱伟峰,中国新闻出版研究院院长郝振省,人民出版社代总编辑辛广伟,中国文联政研室主任陈建文,韬奋基金会副理事长兼秘书长王晓平,山西省委宣传部副部长杜学文，长治市委宣传部部长许霞，北京南安商会会长黄文佳，著名出版人林永超等。在此，一并向所有对于本书编辑、出版给予关心、支持和帮助的各级领导、各有关单位和各界人士表示衷心的感谢！

经研究决定，本书出版所得版税将捐献给申纪兰基金会，用于为农村地区的贫困家庭、农村贫困户和优秀贫困学生上学提供资金支持和帮助。

本书编写组

策　　划：辛广伟

责任编辑：侯俊智　陈佳冉

图书在版编目（CIP）数据

世纪人民代表：申纪兰／中共山西省委宣传部 编 .
　－北京：人民出版社，2014.2
ISBN 978－7－01－013181－8

I.①世…　II.①中…　III.①申纪兰－先进事迹　IV.① K828.1

中国版本图书馆 CIP 数据核字（2014）第 026976 号

世纪人民代表：申纪兰
SHIJI RENMIN DAIBIAO SHENJILAN

中共山西省委宣传部　编

人民出版社 出版发行
（100706　北京市东城区隆福寺街 99 号）

北京汇林印务有限公司印刷　新华书店经销

2014 年 2 月第 1 版　2014 年 2 月北京第 1 次印刷
开本：710 毫米 ×1000 毫米 1/16　印张：9.25
字数：70 千字

ISBN 978－7－01－013181－8　定价：25.00 元

邮购地址 100706　北京市东城区隆福寺街 99 号
人民东方图书销售中心　电话（010）65250042　65289539